F

PROJET

DE

CODE

DE PROCÉDURE CIVILE.

2.ᵉ LIVRAISON

Contenant les Livres III et IV de la I.ʳᵉ partie, relative
à la Procédure devant les Tribunaux.

LIVRE III. — *Des Tribunaux d'appel.*

LIVRE IV. — *Des Voies extraordinaires pour attaquer*
les Jugemens.

Présentés dans la Séance du 7 Avril 1806, par MM. Bigot-
Préameneu, Berlier et Galli, Conseillers d'État.

AVIS DE L'IMPRIMEUR.

Chaque livraison, à dater de celle de ce jour, aura un frontispice pareil, pour faciliter la réunion et le classement des discours, rapports et opinions relatifs à chaque partie du projet de loi.

La première distribution aura pour objet le texte du code.

L'exposé des motifs du projet par l'orateur du Gouvernement, composera la deuxième distribution; et, sous une même série de numéros de pages, on comprendra le rapport fait au nom du Tribunat, les discours et opinions, s'il y en a d'imprimés par ordre du Corps législatif, afin que chaque partie du projet de code présente un ensemble.

Il sera distribué un frontispice pour la première livraison, avec le rapport de l'orateur du Tribunat sur les livres premier et deuxième de la première partie.

EXTRAIT DU REGISTRE

DES DÉLIBÉRATIONS

DU CONSEIL D'ÉTAT.

Séance du 5 Avril 1806.

NAPOLÉON, EMPEREUR DES FRANÇAIS, ROI
d'ITALIE,

DÉCRÈTE ce qui suit :

Les livres III et IV de la première partie du projet de *Code
de Procédure civile*, seront présentés au Corps législatif le
lundi 7 avril.

SA MAJESTÉ nomme, pour les porter et pour en soutenir la
discussion, MM. BIGOT-PRÉAMENEU, BERLIER et GALLI, Conseillers d'État.

SA MAJESTÉ pense que la discussion sur ce projet doit s'ouvrir
le 17 du même mois.

Signé NAPOLÉON.

Par l'Empereur :

Le secrétaire d'Etat, signé HUGUES B. MARET.

Pour extrait conforme :

Le Secrétaire-général du Conseil d'État,

Signé J. G. LOCRÉ.

N°. 53.

F. n°. 25.

EXTRAIT DU PROCÈS-VERBAL

DES SÉANCES DU CORPS LÉGISLATIF.

Du 7 Avril 1806.

Le Corps Législatif arrête que le projet de loi formant *les Livres* III *et* IV *de la première Partie du Code de Procédure civile*, présenté aujourd'hui au Corps législatif par les Orateurs du Conseil d'Etat, ainsi qu'une expédition du Décret impérial relatif à la présentation de ce projet de loi et de l'exposé des motifs, seront transmis aux Sections du Tribunat.

Ordonne, en outre, l'impression et la distribution dudit projet de loi, de l'exposé des motifs, ainsi que de tout ce qui sera présenté à la tribune sur le *Code de Procédure civile*; le tout au nombre de trois exemplaires, et dans le même format que les observations des Cours d'appel sur cette matière.

CONSEIL D'ÉTAT.

EXTRAIT DU REGISTRE DES DÉLIBERATIONS.

Séance du vingt - neuf Mars 1806.

PROJET DE CODE

DE PROCÉDURE CIVILE.

I.ere PARTIE.

PROCÉDURE DEVANT LES TRIBUNAUX.

LIVRE III.

DES TRIBUNAUX D'APPEL.

TITRE UNIQUE.

De l'Appel et de l'Instruction sur l'Appel.

A R T. 443.

LE délai pour intejeter appel sera de trois mois: il courra
pour les jugemens contradictoires, du jour de la signification
à personne ou domicile;

Pour les jugemens par défaut, du jour où l'opposition ne sera plus recevable.

L'intimé pourra néanmoins interjeter incidemment appel en tout état de cause, quand même il aurait signifié le jugement sans protestations.

444. Ces délais emporteront déchéance : ils courront contre toutes parties, sauf les recours contre qui de droit; mais ils ne courront contre le mineur non émancipé, que du jour où le jugement aura été signifié tant au tuteur qu'au subrogé tuteur, encore que ce dernier n'ait pas été en cause.

445. Ceux qui demeurent hors de la France continentale, auront, pour interjeter appel, outre le délai de trois mois depuis la signification du jugement, le délai des ajournemens réglé par l'article 73 ci-dessus.

446. Ceux qui sont absens du territoire européen de l'Empire pour service de terre ou de mer, ou employés dans les négociations extérieures pour le service de l'État auront pour interjeter appel, outre le délai de trois mois depuis la signification du jugement, le délai d'une année.

447. Les délais de l'appel seront suspendus par la mort de la partie condamnée.

Ils ne reprendront leur cours qu'après la signification du jugement faite au domicile du défunt, avec les formalités prescrites en l'article 61, et à compter de l'expiration des délais pour faire inventaire et délibérer, si le jugement a été signifié avant que ces derniers délais fussent expirés.

Cette signification pourra être faite aux héritiers collectivement, et sans désignation des noms et qualités.

448. Dans le cas où le jugement aurait été rendu sur une pièce fausse, ou si la partie avait été condamnée faute de représenter une pièce décisive qui était retenue par son adversaire, les délais de l'appel ne courront que du jour où le faux aura été reconnu ou juridiquement constaté, ou que la pièce aura été recouvrée, pourvu que, dans ce dernier cas, il y ait preuve par écrit du jour où la pièce a été recouvrée, et non autrement.

449. Aucun appel d'un jugement non exécutoire par provision ne pourra être interjeté dans la huitaine, à dater du jour du

jugement; les appels interjetés dans ce délai seront déclarés non recevables, sauf à l'appelant à les réitérer, s'il est encore dans le délai.

450. L'exécution des jugemens non exécutoires par provision sera suspendue pendant ladite huitaine.

451. L'appel d'un jugement préparatoire ne pourra être interjeté qu'après le jugement définitif et conjointement avec l'appel de ce jugement, et le délai de l'appel ne courra que du jour de la signification du jugement définitif; cet appel sera recevable encore que le jugement préparatoire ait été exécuté sans réserves.

L'appel d'un jugement interlocutoire pourra être interjeté avant le jugement définitif: il en sera de même des jugemens qui auraient accordé une provision.

452. Sont réputés préparatoires les jugemens rendus pour l'instruction de la cause, et qui tendent à mettre le procès en état de recevoir jugement définitif.

Sont réputés interlocutoires les jugemens rendus lorsque le tribunal ordonne, avant dire droit, une preuve, une vérification, ou une instruction qui préjuge le fond.

453. Seront sujets à l'appel les jugemens qualifiés en dernier ressort, lorsqu'ils auront été rendus par des juges qui ne pouvaient prononcer qu'en première instance.

Ne seront recevables les appels des jugemens rendus sur des matières dont la connaissance en dernier ressort appartient aux premiers juges, mais qu'ils auraient omis de qualifier, ou qu'ils auraient qualifiés en premier ressort.

454. Lorsqu'il s'agira d'incompétence, l'appel sera recevable, encore que le jugement ait été qualifié en dernier ressort.

455. Les appels des jugemens susceptibles d'opposition ne seront point recevables pendant la durée du délai pour l'opposition.

456. L'acte d'appel contiendra assignation dans les délais de la loi, et sera signifié à personne ou domicile, à peine de nullité.

457. L'appel des jugemens définitifs ou interlocutoires, sera suspensif, si le jugement ne prononce pas l'exécution provisoire dans les cas où elle est autorisée.

L'exécution des jugemens mal-à-propos qualifiés en dernier ressort ne pourra être suspendue qu'en vertu de défenses obtenues par l'appelant, à l'audience du tribunal d'appel, sur assignation à bref délai.

A l'égard des jugemens non qualifiés, ou qualifiés en premier ressort, et dans lesquels les juges étaient autorisés à prononcer en dernier ressort, l'exécution provisoire pourra en être ordonnée par le tribunal d'appel, à l'audience et sur un simple acte.

458. Si l'exécution provisoire n'a pas été prononcée dans les cas où elle est autorisée, l'intimé pourra, sur un simple acte, la faire ordonner à l'audience, avant le jugement de l'appel.

459. Si l'exécution provisoire a été ordonnée hors les cas prévus par la loi, l'appelant pourra obtenir des défenses à l'audience, sur assignation à bref délai, sans qu'il puisse en être accordé sur requête non communiquée.

460. En aucun autre cas, il ne pourra être accordé des défenses, ni être rendu aucun jugement tendant à arrêter directement ou indirectement l'exécution du jugement, à peine de nullité.

461. Tout appel, même de jugement rendu sur instruction par écrit, sera porté à l'audience; sauf au tribunal à ordonner l'instruction par écrit, s'il y a lieu.

462. Dans la huitaine de la constitution d'avoué, par l'intimé, l'appelant signifiera ses griefs contre le jugement. L'intimé répondra dans la huitaine suivante. L'audience sera poursuivie sans autre procédure.

463. Les appels de jugemens rendus en matière sommaire seront portés à l'audience sur simple acte, et sans autre procédure. Il en sera de même de l'appel des autres jugemens, lorsque l'intimé n'aura pas comparu.

464. Il ne sera formé, en cause d'appel, aucune nouvelle demande, à moins qu'il ne s'agisse de compensation, ou que la demande nouvelle ne soit la défense à l'action principale.

Pourront aussi les parties demander des intérêts, arrérages, loyers et autres accessoires échus depuis le jugement de première instance, et les dommages et intérêts pour le préjudice souffert depuis ledit jugement.

465.

465. Dans les cas prévus par l'article précédent, les nouvelles demandes et les exceptions du défendeur ne pourront être formées que par de simples actes de conclusions motivées.

Il en sera de même dans les cas où les parties voudraient changer ou modifier leurs conclusions.

Toute pièce d'écriture qui ne sera que la répétition des moyens ou exceptions déjà employés par écrit, soit en première instance, soit sur l'appel, ne passera point en taxe.

Si la même pièce contient à la fois et de nouveaux moyens ou exceptions, et la répétition des anciens, on n'allouera en taxe que la partie relative aux nouveaux moyens ou exceptions.

466. Aucune intervention ne sera reçue, si ce n'est de la part de ceux qui auraient droit de former tierce opposition.

467. S'il se forme plus de deux opinions, les juges plus faibles en nombre seront tenus de se réunir à l'une des deux opinions qui auront été émises par le plus grand nombre.

468. En cas de partage dans une cour d'appel, on appellera, pour le vider, un, au moins, ou plusieurs des juges qui n'auront pas connu de l'affaire, et toujours en nombre impair, en suivant l'ordre du tableau : l'affaire sera de nouveau plaidée, ou de nouveau rapportée, s'il s'agit d'une instruction par écrit.

Dans les cas où tous les juges auraient connu de l'affaire, il sera appelé, pour le jugement, trois anciens jurisconsultes.

469. La péremption en cause d'appel aura l'effet de donner au jugement dont est appel la force de chose jugée.

470. Les autres règles établies pour les tribunaux inférieurs seront observées dans les tribunaux d'appel.

471. L'appelant qui succombera, sera condamné à une amende de cinq francs, s'il s'agit du jugement d'un juge de paix, et de dix francs sur l'appel d'un jugement de tribunal de première instance et de commerce.

472. Si le jugement est confirmé, l'exécution appartiendra au tribunal dont est appel; si le jugement est infirmé, l'exécution, entre les mêmes parties, appartiendra à la cour d'appel qui aura prononcé, ou à un autre tribunal qu'elle aura indiqué par le même

arrêt, sauf les cas de la demande en nullité d'emprisonnement, en expropriation forcée, et autres dans lesquels la loi attribue juridiction.

473. Lorsqu'il y aura appel d'un jugement interlocutoire; si le jugement est infirmé, et que la matière soit disposée à recevoir une décision définitive, les cours et autres tribunaux d'appel pourront statuer en même temps sur le fond définitivement, par un seul et même jugement.

Il en sera de même dans les cas où les cours ou autres tribunaux d'appel infirmeraient, soit pour vices de forme, ou pour toute autre cause, des jugemens définitifs.

LIVRE IV.

DES VOIES EXTRAORDINAIRES POUR ATTAQUER LES JUGEMENS.

TITRE PREMIER.

De la tierce Opposition.

474. Une partie peut former tierce opposition à un jugement qui préjudicie à ses droits, et lors duquel, ni elle, ni ceux qu'elle représente, n'ont été appelés.

475. La tierce opposition, formée par action principale, sera portée au tribunal qui aura rendu le jugement attaqué.

La tierce opposition incidente à une contestation dont un tribunal est saisi, sera formée par requête à ce tribunal, s'il est égal ou supérieur à celui qui a rendu le jugement.

476. S'il n'est égal ou supérieur, la tierce opposition incidente sera portée, par action principale, au tribunal qui aura rendu le jugement.

477. Le tribunal devant lequel le jugement attaqué aura été produit, pourra, suivant les circonstances, passer outre ou surseoir.

478. Les jugemens passés en force de chose jugée, portant condamnation à délaisser la possession d'un héritage, seront exécutés contre les parties condamnées, nonobstant la tierce opposition et sans y préjudicier.

Dans les autres cas, les juges pourront, suivant les circonstances, suspendre l'exécution du jugement.

479. La partie dont la tierce opposition sera rejetée, sera condamnée à une amende qui ne pourra être moindre de cinquante francs, sans préjudice des dommages et intérêts de la partie, s'il y a lieu.

TITRE II.

De la Requête civile.

480. Les jugemens contradictoires rendus en dernier ressort par les tribunaux de première instance et d'appel, et les jugemens par défaut rendus aussi en dernier ressort, et qui ne sont plus susceptibles d'opposition, pourront être rétractés sur la requête de ceux qui y auront été parties ou dûment appelés, pour les causes ci-après :

1.° S'il y a eu dol personnel ;

2.° Si les formes prescrites à peine de nullité ont été violées, soit avant, soit lors des jugemens, pourvu que la nullité n'ait pas été couverte par les parties ;

3.° S'il a été prononcé sur choses non demandées ;

4.° S'il a été adjugé plus qu'il n'a été demandé ;

5.° S'il a été omis de prononcer sur l'un des chefs de demande ;

6.° S'il y a contrariété de jugemens en dernier ressort, entre les mêmes parties, et sur les mêmes moyens, dans les mêmes cours ou tribunaux ;

7.° Si, dans un même jugement, il y a des dispositions contraires ;

8.° Si, dans les cas où la loi exige la communication au ministère public, cette communication n'a pas eu lieu, et que le jugement ait été rendu contre celui pour qui elle était ordonnée ;

9.° Si l'on a jugé sur pièces reconnues ou déclarées fausses depuis le jugement ;

10.° Si, depuis le jugement, il a été recouvré des pièces décisives, et qui avaient été retenues par le fait de la partie.

481. L'État, les communes, les établissemens publics et les mineurs, seront encore reçus à se pourvoir, s'ils n'ont été défendus, ou s'ils ne l'ont été valablement.

482. S'il n'y a ouverture que contre un chef de jugement, il sera seul rétracté, à moins que les autres n'en soient dépendans.

483. La requête civile sera signifiée avec assignation, dans les trois mois, à l'égard des majeurs, du jour de la signification à personne ou domicile, du jugement attaqué.

484. Le délai de trois mois ne courra contre les mineurs que du jour de la signification du jugement, faite depuis leur majorité, à personne ou domicile.

485. Lorsque le demandeur sera absent du territoire européen de l'Empire pour un service de terre ou de mer, ou employé dans les négociations extérieures pour le service de l'État, il aura, outre le délai ordinaire de trois mois depuis la signification du jugement, le délai d'une année.

486. Ceux qui demeurent hors de la France continentale auront, outre le délai de trois mois, depuis la signification du jugement, le délai des ajournemens réglé par l'article 73 ci-dessus.

487. Si la partie condamnée est décédée dans les délais ci-dessus fixés pour se pourvoir, ce qui en restera à courir ne commencera, contre la succession, que dans les délais et de la manière prescrits en l'article 447 ci-dessus.

488. Lorsque les ouvertures de requête civile seront le faux, le dol ou la découverte de pièces nouvelles, les délais ne courront que du jour où le faux aura été reconnu, le dol ou les pièces découverts ; pourvu que, dans ces deux derniers cas, il y ait preuve par écrit du jour, et non autrement.

489. S'il y a contrariété de jugemens, le délai courra du jour de la signification du dernier jugement.

490. La requête civile sera portée au même tribunal où le jugement attaqué aura été rendu ; il pourra y être statué par les mêmes juges.

491. Si une partie veut attaquer par la requête civile un jugement produit dans une cause pendante en un tribunal autre que celui qui l'a rendu, elle se pourvoira devant le tribunal qui a rendu le jugement attaqué ; et le tribunal saisi de la cause dans laquelle il est produit, pourra, suivant les circonstances, passer outre ou surseoir.

492. La requête civile sera formée par assignation au domicile de l'avoué de la partie qui a obtenu le jugement attaqué, si elle est formée dans les six mois de la date du jugement ; après ce délai, l'assignation sera donnée au domicile de la partie.

493. Si la requête civile est formée incidemment devant un tribunal compétent pour en connaître, elle le sera par requête d'avoué à avoué ; mais si elle est incidente à une contestation portée dans un autre tribunal que celui qui a rendu le jugement, elle sera formée par assignation devant les juges qui ont rendu le jugement.

494. La requête civile d'aucune partie autre que celles qui stipulent les intérêts de l'État, ne sera reçue, si, avant que cette requête ait été présentée, il n'a été consigné une somme de trois cents francs pour amende, et cent cinquante francs pour les dommages et intérêts de la partie, sans préjudice de plus amples dommages et intérêts, s'il y a lieu ; la consignation sera de moitié si le jugement est par défaut ou par forclusion, et du quart s'il s'agit de jugemens rendus par les tribunaux de première instance.

495. La quittance du receveur sera signifiée en tête de la demande, ainsi qu'une consultation de trois avocats exerçant depuis dix ans au moins près un des tribunaux du ressort de la cour d'appel dans lequel le jugement a été rendu.

La consultation contiendra déclaration qu'ils sont d'avis de la requête civile, et elle en énoncera aussi les ouvertures ; sinon la requête ne sera pas reçue.

496. Si la requête civile est signifiée dans les six mois de la date du jugement, l'avoué de la partie qui a obtenu le jugement, sera constitué de droit sans nouveau pouvoir.

497. La requête civile n'empêchera pas l'exécution du jugement attaqué; nulles défenses ne pourront être accordées; celui qui aura été condamné à délaisser un héritage, ne sera reçu à plaider sur la requête civile qu'en rapportant la preuve de l'exécution du jugement au principal.

498. Toute requête civile sera communiquée au ministère public.

499. Aucun moyen autre que les ouvertures de requête civile énoncées en la consultation, ne sera discuté à l'audience ni par écrit.

500. Le jugement qui rejetera la requête civile, condamnera le demandeur à l'amende et aux dommages-intérêts ci-dessus fixés, sans préjudice de plus amples dommages-intérêts, s'il y a lieu.

501. Si la requête civile est admise, le jugement sera rétracté, et les parties seront remises au même état où elles étaient avant ce jugement; les sommes consignées seront rendues, et les objets des condamnations qui auront été perçus en vertu du jugement rétracté, seront restitués.

Lorsque la requête civile aura été entérinée pour raison de contrariété de jugemens, le jugement qui entérinera la requête civile, ordonnera que le premier jugement sera exécuté selon sa forme et teneur.

502. Le fond de la contestation sur laquelle le jugement rétracté aura été rendu, sera porté au même tribunal qui aura statué sur la requête civile.

503. Aucune partie ne pourra se pourvoir en requête civile, soit contre le jugement déjà attaqué par cette voie, soit contre le jugement qui l'aura rejeté, soit contre celui rendu sur le rescisoire, à peine de nullité et de dommages-intérêts, même contre l'avoué qui, ayant occupé sur la première demande, occuperait sur la seconde.

504. La contrariété de jugemens rendus en dernier ressort entre les mêmes parties et sur les mêmes moyens en différens tribunaux, donne ouverture à cassation; et l'instance est formée et jugée conformément aux lois qui sont particulières à la cour de cassation.

TITRE III.

De la Prise à partie.

505. Les juges peuvent être pris à partie dans les cas suivans :

1.º S'il y a dol, fraude ou concussion, qu'on prétendrait avoir été commis, soit dans le cours de l'instruction, soit lors des jugemens ;

2.º Si la prise à partie est expressément prononcée par la loi ;

3.º Si la loi déclare les juges responsables, à peine de dommages et intérêts ;

4.º S'il y a déni de justice.

506. Il y a déni de justice, lorsque les juges refusent de répondre les requêtes, ou négligent de juger les affaires en état et en tour d'être jugées.

507. Le déni de justice sera constaté par deux réquisitions aux juges, en la personne des greffiers, et signifiées de trois en trois jours au moins ou les juges de paix et de commerce, et de huitaine en huitaine au moins pour les autres juges : tout huissier requis sera tenu de faire ces réquisitions, à peine d'interdiction.

508. Après les deux réquisitions, le juge pourra être pris à partie.

509. La prise à partie contre les juges de paix, contre les tribunaux de commerce ou de première instance, ou contre quelqu'un de leurs membres, et la prise à partie contre un juge d'appel ou contre un juge de la cour criminelle, seront portées à la cour d'appel du ressort.

La prise à partie contre les cours criminelles, contre les cours d'appel ou l'une de leurs sections, sera portée à la haute-cour impériale, conformément à l'article 101 de l'acte des constitutions de l'Empire, du 28 floréal an XII.

510. Néanmoins aucun juge ne pourra être pris à partie, sans permission préalable du tribunal devant lequel la prise à partie sera portée.

511. Il sera présenté, à cet effet, une requête signée de la partie, ou de son fondé de procuration authentique et spéciale, laquelle procuration sera annexée à la requête, ainsi que les pièces justificatives, s'il y en a; à peine de nullité.

512. Il ne pourra être employé aucun terme injurieux contre les juges, à peine, contre la partie, de telle amende, et contre son avoué, de telle injonction ou suspension qu'il appartiendra.

513. Si la requête est rejetée, la partie sera condamnée à une amende qui ne pourra être moindre de trois cents francs, sans préjudice des dommages et intérêts envers les parties, s'il y a lieu.

514. Si la requête est admise, elle sera signifiée dans trois jours au juge pris à partie, qui sera tenu de fournir ses défenses dans la huitaine.

Il s'abstiendra de la connaissance du différent; il s'abstiendra même, jusqu'au jugement définitif de la prise à partie, de toute les causes que la partie, ou ses parens en ligne directe, ou son conjoint, pourront avoir dans son tribunal; à peine de nullité des jugemens.

515. La prise à partie sera portée à l'audience sur un simple acte, et sera jugée par une autre section que celle qui l'aura admise: si la cour d'appel n'est composée que d'une section, le jugement de la prise à partie sera renvoyé à la cour d'appel la plus voisine par la cour de cassation.

516. Si le demandeur est débouté, il sera condamné à une amende qui ne pourra être moindre de trois cents francs, sans préjudice des dommages-intérêts envers les parties, s'il y a lieu.

Signé NAPOLÉON.

Par l'Empereur:

Le Secrétaire d'État, *signé* HUGUES B. MARET.

Pour copie conforme:

Le Secrétaire général du Conseil d'État,

Signé J. G. LOCRÉ.

PROJET

DE

CODE

DE PROCÉDURE CIVILE.

~~~~~~~~

3.e LIVRAISON

CONTENANT le Livre V de la Ire Partie, relative à la
Procédure devant les Tribunaux.

LIVRE V. — *De l'Exécution des Jugemens.*

Présenté dans la Séance du 11 Avril 1806, par MM. RÉAL,
SIMÉON et GALLI, Conseillers d'Etat.
~~~~~~~~

EXTRAIT DU REGISTRE

DES DÉLIBÉRATIONS

DU CONSEIL D'ÉTAT.

Séance du 10 Avril 1806.

NAPOLÉON, EMPEREUR DES FRANÇAIS, ROI
D'ITALIE,

DÉCRÈTE ce qui suit :

Le livre V de la première partie du projet de *Code de Procédure civile*, sera présenté au Corps législatif le 11 du présent mois d'avril.

SA MAJESTÉ nomme, pour le porter et pour en soutenir la
discussion, MM. RÉAL, SIMÉON et GALLI, Conseillers d'État.

SA MAJESTÉ pense que la discussion sur ce projet doit s'ouvrir
le 21 du même mois.

Signé NAPOLÉON.

Par l'Empereur :

Le secrétaire d'Etat, signé HUGUES B. MARET.

Pour extrait conforme :

Le Secrétaire général du Conseil d'État,

Signé J. G. LOCRÉ.

N°. 39.   F. n°. 29.

EXTRAIT DU PROCÈS-VERBAL

DES SÉANCES DU CORPS LÉGISLATIF.

Du 11 Avril 1806.

LE CORPS LÉGISLATIF arrête que le projet de loi contenant *le Livre V de la première Partie du Code de Procédure civile*, présenté aujourd'hui au CORPS LÉGISLATIF par les Orateurs du Conseil d'Etat, ainsi qu'une expédition du Décret impérial relatif à la présentation de ce projet de loi et de l'exposé des motifs, seront transmis aux Sections du Tribunat.

CONSEIL D'ÉTAT.

EXTRAIT DU REGISTRE DES DÉLIBERATIONS.

Séance du vingt - neuf Mars 1806.

PROJET DE CODE

DE PROCÉDURE CIVILE.

I.ere PARTIE.

PROCÉDURE DEVANT LES TRIBUNAUX.

LIVRE V.

DE L'EXÉCUTION DES JUGEMENS.

TITRE PREMIER.

Des Réceptions de Cautions.

ART. 517.

LE jugement qui ordonnera de fournir caution, fixera le délai dans lequel elle sera présentée, et celui dans lequel elle sera acceptée ou contestée.

518. La caution sera présentée par exploit signifié à la partie,

si elle n'a point d'avoué, et par acte d'avoué, si elle en a constitué, avec copie de l'acte de dépôt qui sera fait au greffe, des titres qui constatent la solvabilité de la caution, sauf le cas où la loi n'exige pas que la solvabilité soit établie par titres.

519. La partie pourra prendre au greffe communication des titres; si elle accepte la caution, elle le déclarera par un simple acte : dans ce cas, ou si la partie ne conteste pas dans le délai, la caution fera au greffe sa soumission, qui sera exécutoire sans jugement, même pour la contrainte par corps s'il y a lieu à contrainte.

520. Si la partie conteste la caution dans le délai fixé par le jugement, l'audience sera poursuivie sur un simple acte.

521. Les réceptions de caution seront jugées sommairement, sans requête ni écritures; le jugement sera exécuté nonobstant appel.

522. Si la caution est admise, elle fera sa soumission, conformément à l'article 519 ci-dessus.

TITRE II.

De la Liquidation des Dommages-intérêts.

523. Lorsque l'arrêt ou le jugement n'aura pas fixé les dommages-intérêts, la déclaration en sera signifiée à l'avoué du défendeur, s'il en a été constitué; et les pièces seront communiquées sur récépissé de l'avoué, ou par la voie du greffe.

524. Le défendeur sera tenu, dans le délai fixé par les articles 97 et 98 et sous les peines y portées, de remettre lesdites pièces, et, huitaine après l'expiration desdits délais, de faire ses offres au demandeur, de la somme qu'il avisera pour les dommages-intérêts; sinon, la cause sera portée sur un simple acte à l'audience, et il sera condamné à payer le montant de la déclaration, si elle est trouvée juste et bien vérifiée.

525. Si les offres contestées, sont jugées suffisantes, le demandeur sera condamné aux dépens, du jour des offres.

TITRE III.

De la Liquidation des Fruits.

526. Celui qui sera condamné à restituer des fruits, en rendra
compte dans la forme ci-après, et il sera procédé comme sur les
autres comptes rendus en justice.

TITRE IV.

Des Redditions de Comptes.

527. Les comptables commis par justice, seront poursuivis devant les juges qui les auront commis ; les tuteurs, devant les juges
du lieu où la tutelle a été déférée ; tous autres comptables, devant
les juges de leur domicile.

528. En cas d'appel d'un jugement qui aurait rejeté une demande en reddition de compte, l'arrêt infirmatif renverra, pour la
reddition et le jugement du compte, au tribunal où la demande
avait été formée, ou à tout autre tribunal de première instance que
l'arrêt indiquera.

Si le compte a été rendu et jugé en première instance, l'exécution de l'arrêt infirmatif appartiendra à la Cour qui l'aura rendu,
où à un autre tribunal qu'elle aura indiqué par le même arrêt.

529. Les oyans qui auront le même intérêt, nommeront un
seul avoué : faute de s'accorder sur le choix, le plus ancien oc-
cupera, et néanmoins chacun des oyans pourra en constituer un ;
mais les frais occasionnés par cette constitution particulière, et
faits tant activement que passivement, seront supportés par l'oyant.

530. Tout jugement portant condamnation de rendre compte,
fixera le délai dans lequel le compte sera rendu, et commettra
un juge.

531. Si le préambule du compte, en y comprenant la mention
de l'acte ou du jugement qui aura commis le rendant et du jugement qui aura ordonné le compte, excède six rôles, l'excédant
ne passera point en taxe.

532. Le rendant n'emploiera pour dépenses communes que les

frais de voyage, s'il y a lieu, les vacations de l'avoué qui aura mis en ordre les pièces du compte, les grosses et copies, les frais de présentation et affirmation.

533. Le compte contiendra les recette et dépense effectives; il sera terminé par la récapitulation de la balance desdites recette et dépense, sauf à faire un chapitre particulier des objets à recouvrer.

534. Le rendant présentera et affirmera son compte en personne ou par procureur spécial, dans le délai fixé, et au jour indiqué par le juge-commissaire, les oyans présens ou appelés à personne ou domicile, s'ils n'ont avoués, et par acte d'avoué, s'ils en ont constitué.

Le délai passé, le rendant y sera contraint par saisie et vente de ses biens jusqu'à concurrence d'une somme que le tribunal arbitrera; il pourra même y être contraint par corps, si le tribunal l'estime convenable.

535. Le compte présenté et affirmé, si la recette excède la dépense, l'oyant pourra requérir du juge-commissaire exécutoire de cet excédant, sans approbation du compte.

536. Après la présentation et affirmation, le compte sera signifié à l'avoué de l'oyant; les pièces justificatives seront cotées et paraphées par l'avoué du rendant; si elles sont communiquées sur récépissé, elles seront rétablies dans le délai qui sera fixé par le juge-commissaire, sous les peines portées par l'article 107.

Si les oyans ont constitué avoués différens, la copie et la communication ci-dessus seront données à l'avoué plus ancien seulement, s'ils ont le même intérêt, et à chaque avoué, s'ils ont des intérêts différens.

S'il y a des créanciers intervenans, ils n'auront tous ensemble qu'une seule communication, tant du compte que des pièces justificatives, par les mains du plus ancien des avoués qu'ils auront constitués.

537. Les quittances de fournisseurs, ouvriers, maîtres de pension et autres de même nature, produites comme pièces justificatives du compte, sont dispensées de l'enregistrement.

538. Aux jour et heure indiqués par le commissaire, les parties
se

se présenteront devant lui pour fournir débats, soutenemens et réponses sur son procès-verbal ; si les parties ne se présentent pas, l'affaire sera portée à l'audience sur un simple acte.

539. Si les parties ne s'accordent pas, le commissaire ordonnera qu'il en sera par lui fait rapport à l'audience, au jour qu'il indiquera, elles seront tenues de s'y trouver sans aucune sommation.

540. Le jugement qui interviendra sur l'instance de compte, contiendra le calcul de la recette et des dépenses, et fixera le reliquat précis, s'il y en a aucun.

541. Il ne sera procédé à la révision d'aucun compte, sauf aux parties, s'il y a erreurs, omissions, faux ou doubles emplois, à en former leurs demandes devant les mêmes juges.

542. Si l'oyant est défaillant, le commissaire fera son rapport au jour par lui indiqué ; les articles seront alloués, s'ils sont justifiés ; le rendant, s'il est reliquataire, gardera les fonds, sans intérêts ; et s'il ne s'agit point d'un compte de tutelle, le comptable donnera caution, si mieux il n'aime consigner.

TITRE V.

De la Liquidation des Dépens et Frais.

543. La liquidation des dépens et frais sera faite en matière sommaire par le jugement qui les adjugera.

544. La manière de procéder à la liquidation des dépens et frais dans les autres matières, sera déterminée par un ou plusieurs réglemens d'administration publique, qui seront exécutoires le même jour que le présent Code, et qui, après trois ans au plus tard, seront présentés en forme de loi au Corps législatif, avec les changemens dont ils auront paru susceptibles.

TITRE VI.

Règles générales sur l'Exécution forcée des Jugemens et Actes.

545. Nul jugement ni acte ne pourront être mis à exécution,

s'ils ne portent le même intitulé que les lois, et ne sont terminés par un mandement aux officiers de justice, ainsi qu'il est dit article 146.

546. Les jugemens rendus par les tribunaux étrangers, et les actes reçus par les officiers étrangers, ne seront susceptibles d'exécution en France, que de la manière et dans les cas prévus par les articles 2123 et 2128 du Code civil.

547. Les jugemens rendus et les actes passés en France seront exécutoires dans tout l'Empire sans *visa* ni *pereatis*, encore que l'exécution ait lieu hors du ressort du tribunal par lequel les jugemens ont été rendus, ou dans le territoire duquel les actes ont été passés.

548. Les jugemens qui prononceront une main-levée, une radiation d'inscription hypothécaire, un paiement, ou quelque autre chose à faire par un tiers ou à sa charge, ne seront exécutoires par le tiers ou contre eux, même après les délais de l'opposition ou de l'appel, que sur le certificat de l'avoué de la partie poursuivante, contenant la date de la signification du jugement faite au domicile de la partie condamnée, et sur l'attestation du greffier constatant qu'il n'existe contre le jugement ni opposition, ni appel.

549. A cet effet, l'avoué de l'appelant fera mention de l'appel, dans la forme et sur le registre prescrits par l'art. 163.

550. Sur le certificat qu'il n'existe aucune opposition ni appel sur ce registre, les séquestres, conservateurs, et tous autres, seront tenus de satisfaire au jugement.

551. Il ne sera procédé à aucune saisie mobilière ou immobilière, qu'en vertu d'un titre exécutoire, et pour choses liquides et certaines : si la dette exigible n'est pas d'une somme en argent, il sera sursis, après la saisie, à toutes poursuites ultérieures, jusqu'à ce que l'appréciation en ait été faite.

552. La contrainte par corps, pour objet susceptible de liquidation, ne pourra être exécutée qu'après que la liquidation aura été faite en argent.

553. Les contestations élevées sur l'exécution des jugemens des

tribunaux de commerce, seront portées au tribunal de première
instance du lieu où l'exécution se poursuivra.

554. Si les difficultés élevées sur l'exécution des jugemens ou
actes requièrent célérité, le tribunal du lieu y statuera provisoirement, et renverra la connaissance du fond au tribunal d'exécution.

555. L'officier insulté dans l'exercice de ses fonctions dressera
procès-verbal de rebellion; et il sera procédé suivant les règles
établies par le Code criminel.

556. La remise de l'acte ou jugement à l'huissier, vaudra pouvoir pour toutes exécutions autres que la saisie immobilière et l'emprisonnement, pour lesquels il sera besoin d'un pouvoir spécial.

TITRE VII.

Des Saisies-arrêts ou Oppositions.

557. Tout créancier peut, en vertu de titres authentiques ou
privés, saisir-arrêter entre les mains d'un tiers les sommes et effets
appartenant à son débiteur, ou s'opposer à leur remise.

558. S'il n'y a pas de titre, le juge du domicile du débiteur,
et même celui du domicile du tiers saisi, pourront, sur requête,
permettre la saisie-arrêt ou opposition.

55g. Tout exploit de saisie-arrêt ou opposition, fait en
vertu d'un titre, contiendra l'énonciation du titre et de la
somme pour laquelle elle est faite; si l'exploit est fait en vertu
de la permission du juge, l'ordonnance énoncera la somme pour
laquelle la saisie-arrêt ou opposition est faite, et il sera donné
copie de l'ordonnance en tête de l'exploit.

Si la créance pour laquelle on demande la permission de saisir-
arrêter n'est pas liquide, l'évaluation provisoire en sera faite par
le juge.

L'exploit contiendra aussi élection de domicile dans le lieu où
demeure le tiers saisi, si le saisissant n'y demeure pas : le tout
à peine de nullité.

56o. La saisie-arrêt ou opposition entre les mains de personnes

2 *

non demeurant en France sur le Continent, ne pourra point être faite au domicile des procureurs impériaux ; elle devra être signifiée à personne ou à domicile.

561. La saisie-arrêt ou opposition formée entre les mains des receveurs dépositaires ou administrateurs de caisses ou deniers publics, en cette qualité, ne seront point valables, si l'exploit n'est fait à la personne préposée pour le recevoir et s'il n'est visé par elle sur l'original, ou, en cas de refus, par le procureur impérial.

562. L'huissier qui aura signé la saisie-arrêt ou opposition, sera tenu, s'il en est requis, de justifier de l'existence du saisissant à l'époque où le pouvoir de saisir a été donné, à peine d'interdiction, et des dommages et intérêts des parties.

563. Dans la huitaine de la saisie-arrêt ou opposition, outre un jour pour trois myriamètres de distance entre le domicile du tiers saisi et celui du saisissant, et un jour pour trois myriamètres de distance entre le domicile de ce dernier et celui du débiteur saisi, le saisissant sera tenu de dénoncer la saisie-arrêt ou opposition au débiteur saisi, et de l'assigner de validité.

564. Dans un pareil délai, outre celui en raison des distances, à compter du jour de la demande en validité, cette demande sera dénoncée, à la requête du saisissant, au tiers saisi, qui ne sera tenu de faire aucune déclaration avant que cette dénonciation lui ait été faite.

565. Faute de demande en validité, la saisie ou opposition sera nulle : faute de dénonciation de cette demande au tiers saisi, les paiemens par lui faits jusqu'à la dénonciation seront valables.

566. En aucun cas il ne sera nécessaire de faire précéder la demande en validité par une citation en conciliation.

567. La demande en validité, et la demande en main-levée formée par la partie saisie, seront portées devant le tribunal du domicile de la partie saisie.

568. Le tiers saisi ne pourra être assigné en déclaration, s'il n'y a titre authentique, ou jugement qui ait déclaré la saisie-arrêt ou l'opposition valable.

569. Les fonctionnaires publics dont il est parlé article 561, ne seront point assignés en déclaration ; mais ils délivreront un certificat constatant s'il est dû à la partie saisie, et énonçant la somme, si elle est liquide.

570. Le tiers saisi sera assigné, sans citation préalable en conciliation, devant le tribunal qui doit connaître de la saisie ; sauf à lui, si la déclaration est contestée, à demander son renvoi devant son juge.

571. Le tiers saisi assigné fera sa déclaration, et l'affirmera au greffe, s'il est sur les lieux ; sinon devant le juge de paix de son domicile, sans qu'il soit besoin, dans ce cas, de réitérer l'affirmation au greffe.

572. La déclaration et l'affirmation pourront être faites par procuration spéciale.

573. La déclaration énoncera les causes et le montant de la dette ; les paiemens à compte, si aucuns ont été faits ; l'acte ou les causes de libération, si le tiers saisi n'est plus débiteur, et, dans tous les cas, les saisies-arrêts ou oppositions formées entre ses mains.

574. Les pièces justificatives de la déclaration seront annexées à cette déclaration ; le tout sera déposé au greffe, et l'acte de dépôt sera signifié par un seul acte contenant constitution d'avoué.

575. S'il survient de nouvelles saisies-arrêts ou oppositions, le tiers saisi les dénoncera à l'avoué du premier saisissant, par extrait contenant les noms et élection de domicile des saisissans, et les causes des saisies-arrêts ou oppositions.

576. Si la déclaration n'est pas contestée, il ne sera fait aucune autre procédure, ni de la part du tiers saisi, ni contre lui.

577. Le tiers saisi qui ne fera pas sa déclaration ou qui ne fera pas les justifications ordonnées par les articles ci-dessus, sera déclaré débiteur pur et simple des causes de la saisie.

578. Si la saisie-arrêt ou opposition est formée sur effets mobiliers, le tiers saisi sera tenu de joindre à sa déclaration un état détaillé desdits effets.

579. Si la saisie-arrêt ou opposition est déclarée valable, il sera procédé à la vente et distribution du prix, ainsi qu'il sera dit au titre *de la Distribution par Contribution.*

580. Les traitemens et pensions dus par l'Etat ne pourront être saisis que pour la portion déterminée par les lois ou par arrêtés du Gouvernement.

581. Seront insaisissables, 1.° les choses déclarées insaisissables par la loi; 2.° les provisions alimentaires adjugées par justice; 3.° les sommes et objets disponibles déclarés insaisissables par le testateur ou donateur; 4.° les sommes et pensions pour alimens, encore que le testament ou l'acte des donations ne les déclare pas insaisissables.

582. Les provisions alimentaires ne pourront être saisies que pour cause d'alimens : les objets mentionnés aux § 3 et 4 du précédent article, pourront être saisis par des créanciers postérieurs à l'acte de donation ou à l'ouverture du legs; et ce, en vertu de la permission du juge, et pour la portion qu'il déterminera.

TITRE VIII.

Des Saisies-exécutions.

583. Toute saisie-exécution sera précédée d'un commandement à la personne ou au domicile du débiteur, fait au moins un jour avant la saisie; et contenant notification du titre, s'il n'a déjà été notifié.

584. Il contiendra élection de domicile jusqu'à la fin de la poursuite, dans la commune où doit se faire l'exécution, si le créancier n'y demeure; et le débiteur pourra faire à ce domicile élu, toutes significations, même d'offres réelles et d'appel.

585. L'huissier sera assisté de deux témoins, français, majeurs, non parens ni alliés des parties ou de l'huissier, jusqu'au degré de cousin issu de germain inclusivement, ni leurs domestiques; il énoncera sur le procès-verbal leurs noms, professions et demeures : les témoins signeront l'original et les copies. La partie poursuivante ne pourra être présente à la saisie.

586. Les formalités des exploits seront observées dans les pro-

cès-verbaux de saisie-exécution ; ils contiendront itératif commandement, si la saisie est faite en la demeure du saisi.

587. Si les portes sont fermées, ou si l'ouverture en est refusée, l'huissier pourra établir gardien aux portes pour empêcher le divertissement : il se retirera sur - le - champ, sans assignation, devant le juge de paix, ou, à son défaut, devant le commissaire de police, et dans les communes où il n'y en a pas, devant le maire, et, à son défaut, devant l'adjoint, en présence desquels l'ouverture des portes, même celle des meubles fermant, sera faite au fur et à mesure de la saisie. L'officier qui se transportera ne dressera point de procès-verbal; mais il signera celui de l'huissier, lequel ne pourra dresser du tout qu'un seul et même procès-verbal.

588. Le procès-verbal contiendra la désignation détaillée des objets saisis; s'il y a des marchandises, elles seront pesées, mesurées ou jaugées, suivant leur nature.

589. L'argenterie sera spécifiée par pièces et poinçons, et elle sera pesée.

590. S'il y a des deniers comptans, il sera fait mention du nombre et de la qualité des espèces : l'huissier les déposera au lieu établi pour les consignations; à moins que le saisissant et la partie saisie, ensemble les opposans, s'il y en a, ne conviennent d'un autre dépositaire.

591. Si le saisi est absent, et qu'il y ait refus d'ouvrir aucune pièce ou meuble, l'huissier en requerra l'ouverture ; et s'il se trouve des papiers, il requerra l'apposition des scellés par l'officier appelé pour l'ouverture.

592. Ne pourront être saisis, 1.º les objets que la loi déclare immeubles par destination;

2.º Le coucher nécessaire des saisis, ceux de leurs enfans vivant avec eux; les habits dont les saisis sont vêtus et couverts;

3.º Les livres relatifs à la profession du saisi, jusqu'à la somme de trois cents francs, à son choix;

4.º Les machines et instrumens servant à l'enseignement, pratique ou exercice des sciences et arts, jusqu'à concurrence de la même somme, et au choix du saisi;

5.º Les équipemens des militaires, suivant l'ordonnance et le grade;

6.° Les outils des artisans, nécessaires à leurs occupations personnelles;

7.° Les farines et menues denrées nécessaires à la consommation du saisi et de sa famille, pendant un mois;

8.° Enfin, une vache, ou trois brebis ou deux chèvres, au choix du saisi, avec les pailles, fourrages et grains nécessaires pour la litière et la nourriture desdits animaux pendant un mois.

593. Lesdits objets ne pourront être saisis pour aucune créance, même celle de l'État, si ce n'est pour alimens fournis à la partie saisie, ou sommes dues aux fabricans ou vendeurs desdits objets, ou à celui qui aura prêté pour les acheter, fabriquer ou réparer; pour fermages et moissons des terres à la culture desquelles ils sont employés : loyers des manufactures, moulins, pressoirs, usines dont ils dépendent, et les loyers des lieux servant à l'habitation personnelle du débiteur.

Les objets spécifiés sous le numéro 2 du précédent article, ne pourront être saisis pour aucune créance.

594. En cas de saisie d'animaux et ustensiles servant à l'exploitation des terres, le juge de paix pourra, sur la demande du saisissant, le propriétaire et le saisi entendus ou appelés, établir un gérant à l'exploitation.

595. Le procès-verbal contiendra indication du jour de la vente.

596. Si la partie saisie offre un gardien solvable, et qui se charge volontairement et sur-le-champ, il sera établi par l'huissier.

597. Si le saisi ne présente gardien solvable et de la qualité requise, il en sera établi un par l'huissier.

598. Ne pourront être établis gardiens, le saisissant, son conjoint, ses parens et alliés, jusqu'au degré de cousin issu de germain inclusivement, et ses domestiques; mais le saisi, son conjoint, ses parens, alliés et domestiques, pourront être établis gardiens, de leur consentement et de celui du saisissant.

599. Le procès-verbal sera fait sans déplacer; il sera signé par le gardien en l'original et la copie; s'il ne sait signer, il en sera fait mention, et il lui sera laissé copie du procès-verbal.

600. Ceux

600. Ceux qui, par voies de fait, empêcheraient l'établissement du gardien, ou qui enleveraient et détourneraient des effets saisis, seront poursuivis conformément au Code criminel.

601. Si la saisie est faite au domicile de la partie, copie lui sera laissée, sur-le-champ, du procès-verbal, signée des personnes qui auront signé l'original; si la partie est absente, copie sera remise au maire ou adjoint, ou au magistrat qui, en cas de refus de portes, aura fait faire ouverture, et qui visera l'original.

602. Si la saisie est faite hors du domicile et en l'absence du saisi, copie lui sera notifiée dans le jour, outre un jour pour trois myriamètres; sinon les frais de garde et le délai pour la vente ne courront que du jour de la notification.

603. Le gardien ne peut se servir des choses saisies, les louer ou prêter, à peine de privation des frais de garde, et de dommages et intérêts, au paiement desquels il sera contraignable par corps.

604. Si les objets saisis ont produit quelques profits ou revenus, il est tenu d'en compter même par corps.

605. Il peut demander sa décharge, si la vente n'a pas été faite au jour indiqué par le procès-verbal, sans qu'elle ait été empêchée par quelque obstacle; et en cas d'empêchement, la décharge peut être demandée deux mois après la saisie, sauf au saisissant à faire nommer un autre gardien.

606. La décharge sera demandée contre le saisissant et le saisi, par une assignation en référé devant le juge du lieu de la saisie; si elle est accordée, il sera préalablement procédé au récolement des effets saisis, parties appelées.

607. Il sera passé outre, nonobstant toutes réclamations de la part de la partie saisie, sur lesquelles il sera statué en référé.

608. Celui qui se prétendra propriétaire des objets saisis, ou de partie d'iceux, pourra s'opposer à la vente par exploit signifié au gardien, et dénoncé au saisissant et au saisi, contenant assignation libellée et l'énonciation des preuves de propriété, à peine de nullité; il y sera statué par le tribunal du lieu de la saisie, comme en matière sommaire.

Code de Procédure, Ire Partie, Livre V.   3

Le réclamant qui succombera, sera condamné, s'il y échet, aux dommages et intérêts du saisissant.

609. Les créanciers du saisi, pour quelque cause que ce soit, même pour loyers, ne pourront former opposition que sur le prix de la vente : leurs oppositions en contiendront les causes ; elles seront signifiées au saisissant et à l'huissier ou autre officier chargé de la vente, avec élection de domicile dans le lieu où la saisie est faite, si l'opposant n'y est pas domicilié ; le tout à peine de nullité des oppositions et des dommages-intérêts contre l'huissier, s'il y a lieu.

610. Le créancier opposant ne pourra faire aucune poursuite, si ce n'est contre la partie saisie, et pour obtenir condamnation : il n'en sera fait aucune contre lui, sauf à discuter les causes de son opposition lors de la distribution des deniers.

611. L'huissier qui, se présentant pour saisir, trouverait une saisie déjà faite et un gardien établi, ne pourra pas saisir de nouveau ; mais il pourra procéder au récolement des meubles et effets, sur le procès-verbal que le gardien sera tenu de lui représenter : il saisira les effets omis, et fera sommation au premier saisissant de vendre le tout dans la huitaine ; le procès-verbal de récolement vaudra opposition sur les deniers de la vente.

612. Faute par le saisissant de faire vendre dans le délai ci-après fixé, tout opposant ayant titre exécutoire pourra, sommation préalablement faite au saisissant, et sans former aucune demande en subrogation, faire procéder au récolement des effets saisis, sur la copie du procès-verbal de saisie, que le gardien sera tenu de représenter, et de suite à la vente.

613. Il y aura au moins huit jours entre la signification de la saisie au débiteur et la vente.

614. Si la vente se fait à un jour autre que celui indiqué par la signification, la partie saisie sera appelée, avec un jour d'intervalle, outre un jour pour trois myriamètres, en raison de la distance du domicile du saisi, et du lieu où les effets seront vendus.

615. Les opposans ne seront point appelés.

616. Le procès-verbal de récolement qui précédera la vente,

ne contiendra aucune énonciation des effets saisis, mais seulement de ceux en déficit s'il y en a.

617. La vente sera faite au plus prochain marché public, aux jour et heure ordinaires des marchés, ou un jour de dimanche : pourra néanmoins le tribunal permettre de vendre les effets en un autre lieu plus avantageux. Dans tous les cas, elle sera annoncée un jour auparavant par quatre placards au moins, affichés, l'un au lieu où sont les effets, l'autre à la porte de la maison commune, le troisième au marché du lieu, et, s'il n'y en a pas, au marché voisin, le quatrième à la porte de l'auditoire de la justice de paix ; et si la vente se fait dans un lieu autre que le marché ou le lieu où sont les effets, un cinquième placard sera apposé au lieu où se fera la vente. La vente sera en outre annoncée par la voie des journaux, dans les villes où il y en a.

618. Les placards indiqueront les lieu, jour et heure de la vente, et la nature des objets sans détail particulier.

619. L'apposition sera constatée par exploit, auquel sera annexé un exemplaire du placard.

620. S'il s'agit de barques, chaloupes et autres bâtimens de mer du port de dix tonneaux et au-dessous, bacs, galiotes, bâteaux et autres bâtimens de rivière, moulins et autres édifices mobiles, assis sur bateaux ou autrement, il sera procédé à leur adjudication sur les ports, gares ou quais où ils se trouvent : il sera affiché quatre placards au moins, conformément à l'article précédent, et il sera fait, à trois jours divers consécutifs, trois publications au lieu où sont lesdits objets ; la première publication ne sera faite que huit jours au moins après la signification de la saisie. Dans les villes où il s'imprime des journaux, il sera suppléé à ces trois publications par l'insertion qui sera faite au journal, de l'annonce de ladite vente, laquelle annonce sera répétée trois fois, dans le cours du mois précédant la vente.

621. La vaisselle d'argent, les bagues et joyaux de la valeur de trois cents francs au moins, ne pourront être vendus qu'après placards apposés en la forme ci-dessus, et trois expositions, soit au marché, soit dans l'endroit où sont lesdits effets, sans que néanmoins, dans aucun cas, lesdits objets puissent être vendus

au-dessous de leur valeur réelle, s'il s'agit de vaisselle d'argent; et d'après l'estimation des gens de l'art, s'il s'agit de bagues et joyaux.

Dans les villes où il s'imprime des journaux, les trois publications seront suppléées comme il est dit en l'article précédent.

622. Lorsque la valeur des effets saisis excédera le montant des causes de la saisie et des oppositions, il ne sera procédé qu'à la vente des objets suffisant à fournir somme nécessaire pour le paiement des créances et frais.

623. Le procès-verbal constatera la présence ou le défaut de comparution de la partie saisie.

624. L'adjudication sera faite au plus offrant, en payant comptant; faute de paiement, l'effet sera revendu sur-le-champ à la folle enchère de l'adjudicataire.

625. Les commissaires priseurs et huissiers seront personnellement responsables du prix des adjudications, et feront mention dans leurs procès-verbaux, des noms et domiciles des adjudicataires: ils ne pourront recevoir d'eux aucune somme au - dessus de l'enchère, à peine de concussion.

TITRE IX.

De la Saisie des fruits pendans par racine ou de la Saisie-brandon.

626. La saisie-brandon ne pourra être faite que dans les six semaines qui précéderont l'époque ordinaire de la maturité des fruits; elle sera précédée d'un commandement, avec un jour d'intervalle.

627. Le procès-verbal de saisie contiendra l'indication de chaque pièce, sa contenance et sa situation, et deux au moins de ses tenans et aboutissans, et la nature des fruits.

628. Le garde champêtre sera établi gardien, à moins qu'il ne soit compris dans l'exclusion portée par l'article 598; s'il n'est présent, la saisie lui sera signifiée : il sera aussi laissé copie au

maire de la commune de la situation, et l'original sera visé par lui.

Si les communes sur lesquelles les biens sont situés sont contigües ou voisines, il sera établi un seul gardien, autre néanmoins qu'un garde champêtre; le *visa* sera donné par le maire de la commune du chef-lieu de l'exploitation; et s'il n'y en a pas, par le maire de la commune où est située la majeure partie des biens.

629. La vente sera annoncée, par placards affichés, huitaine au moins avant la vente, à la porte du saisi, à celle de la maison commune, et, s'il n'y en a pas, au lieu où s'apposent les actes de l'autorité publique; au principal marché du lieu, et, s'il n'y en a pas, au marché le plus voisin, et à la porte de l'auditoire de la justice de paix.

630. Les placards désigneront les jour, heure et lieu de la vente; les noms et demeures du saisi et du saisissant; la quantité d'hectares et la nature de chaque espèce de fruits, la commune où ils sont situés, sans autre désignation.

631. L'apposition des placards sera constatée ainsi qu'il est dit au titre *des Saisies-exécutions.*

632. La vente sera faite un jour de dimanche, ou de marché.

633. Elle pourra être faite sur les lieux, ou sur la place de la commune où est située la majeure partie des objets saisis.

La vente pourra aussi être faite sur le marché du lieu, et, s'il n'y en a pas, sur le marché le plus voisin.

634. Seront, au surplus, observées les formalités prescrites au titre *des Saisies-exécutions.*

635. Il sera procédé à la distribution du prix de la vente, ainsi qu'il sera dit au titre *de la Distribution par Contribution.*

TITRE X.

De la Saisie des Rentes constituées sur Particuliers.

636. La saisie d'une rente constituée ne peut avoir lieu qu'en vertu d'un titre authentique et exécutoire.

Elle sera précédée d'un commandement fait à la personne ou au domicile de la partie obligée ou condamnée, au moins un jour avant la saisie, et contenant notification du titre, si elle n'a déjà été faite.

637. La rente sera saisie entre les mains de celui qui la doit, par exploit contenant, outre les formalités ordinaires, l'énoncia-tion du titre constitutif de la rente, de sa quotité et de son capital, et du titre de la créance du saisissant; les nom, profession et de-meure de la partie saisie, élection de domicile chez un avoué près le tribunal devant lequel la vente sera poursuivie, et assigna-tion au tiers-saisi en déclaration devant le même tribunal, le tout à peine de nullité.

638. Les dispositions contenues aux articles 570, 571, 572, 573, 574, 575 et 576, relatives aux formalités que doit remplir le tiers-saisi seront observées par le débiteur de la rente.

Et si ce débiteur ne fait pas sa déclaration, ou s'il la fait tardi-vement, ou s'il ne fait pas les justifications ordonnées, il pourra, selon les cas, être condamné à servir la rente faute d'avoir justifié de sa libération, ou à des dommages-intérêts résultans soit de son silence, soit du retard apporté à faire sa déclaration, soit de la procédure à laquelle il aura donné lieu.

639. La saisie entre les mains de personnes non demeurant en France sur le Continent, sera signifiée à personne ou domicile; et seront observés, pour la citation, les délais prescrits par l'ar-ticle 73.

640. L'exploit de saisie vaudra toujours saisie-arrêt des arré-rages échus et à échoir jusqu'à la distribution.

641. Dans les trois jours de la saisie, outre un jour pour trois myriamètres de distance entre le domicile du débiteur de la rente et celui du saisissant, et pareil délai en raison de la distance entre

le domicile de ce dernier et celui de la partie saisie, le saisissant sera tenu, à peine de nullité de la saisie, de la dénoncer à la partie saisie, et de lui notifier le jour de la première publication.

642. Lorsque le débiteur de la rente sera domicilié hors du Continent de la République, le délai pour la dénonciation ne courra que du jour de l'échéance de la citation au saisi.

643. Quinzaine après la dénonciation à la partie saisie, le saisissant sera tenu de mettre au greffe du tribunal du domicile de la partie saisie le cahier des charges contenant les noms, professions et demeures du saisissant, de la partie saisie et du débiteur de la rente; la nature de la rente, sa quotité, celle du capital, la date et l'énonciation du titre en vertu duquel elle est constituée; l'énonciation de l'inscription, si le titre contient hypothèque, et si aucune a été prise pour la sureté de la rente; les nom et demeure de l'avoué du poursuivant, les conditions de l'adjudication et la mise à prix; la première publication se fera à l'audience.

644. Extrait du cahier des charges, contenant les renseignemens ci-dessus, sera remis au greffier huitaine avant la remise du cahier des charges au greffe, et par lui inséré dans un tableau placé à cet effet dans l'auditoire du tribunal devant lequel se poursuit la vente.

645. Huitaine avant la remise du cahier des charges au greffe, pareil extrait sera placardé, 1.° à la porte de la maison de la partie saisie; 2.° à celle du débiteur de la rente; 3.° à la principale porte du tribunal; 4.° et à la principale place du lieu où se poursuit la vente.

646. Pareil extrait sera inséré dans l'un des journaux imprimés dans la ville où se poursuit la vente; et s'il n'y en a pas, dans l'un de ceux imprimés dans le département, s'il y en a.

647. Sera observé, relativement auxdits placards et annonces, ce qui est prescrit au titre *des Saisies immobilières.*

648. La seconde publication se fera huitaine après la première; et la rente saisie pourra, lors de ladite publication, être adjugée, sauf le délai qui sera prescrit par le tribunal.

649. Il sera fait une troisième publication, lors de laquelle

l'adjudication définitive sera faite au plus offrant et dernier enchérisseur.

650. Il sera affiché nouveaux placards et inséré nouvelles annonces dans les journaux, trois jours avant l'adjudication définitive.

651. Les enchères seront reçues par le ministère d'avoués.

652. Les formalités prescrites au titre *des Saisies immobilières*, pour la rédaction du jugement d'adjudication, l'acquit des conditions et du prix, et la revente sur folle-enchère, seront observées lors de l'adjudication des rentes.

653. Si la rente a été saisie par deux créanciers, la poursuite appartiendra à celui qui le premier aura dénoncé; en cas de concurrence, au porteur du titre plus ancien; et si les titres sont de même date, à l'avoué plus ancien.

654. La partie saisie sera tenue de proposer ses moyens de nullité, si aucuns elle a, avant l'adjudication préparatoire, après laquelle elle ne pourra proposer que les moyens de nullité contre les procédures postérieures.

655. La distribution du prix sera faite ainsi qu'il sera prescrit au titre *de la Distribution par Contribution*, sans préjudice néanmoins des hypothèques établies antérieurement à la loi du 11 brumaire an 7.

TITRE XI.

De la Distribution par Contribution.

656. Si les deniers arrêtés ou si le prix des ventes ne suffisent pas pour payer les créanciers, le saisi et les créanciers seront tenus, dans le mois, de convenir de la distribution par contribution.

657. Faute par le saisi et les créanciers de s'accorder dans ledit délai, l'officier qui aura fait la vente, sera tenu de consigner, dans la huitaine suivante, et à la charge de toutes les oppositions, le montant de la vente, déduction faite de ses frais, d'après la taxe qui aura été faite par le juge, sur la

minute

minute du procès-verbal; il sera fait mention de cette taxe dans les expéditions.

658. Il sera tenu au greffe un registre des contributions, sur lequel un juge sera commis par le président, sur la réquisition du saisissant ou, à son défaut, de la partie la plus diligente; cette réquisition sera faite par simple note portée sur le registre.

659. Après l'expiration des délais portés aux art. 656 et 657, et en vertu de l'ordonnance du juge commis, les créanciers seront sommés de produire, et la partie saisie de prendre communication des pièces produites, et de contredire, s'il y échet.

660. Dans le mois de la sommation, les créanciers opposans, soit entre les mains du saisissant, soit en celles de l'officier qui aura procédé à la vente, produiront, à peine de forclusion, leurs titres ès mains du juge commis, avec acte contenant demande en collocation et constitution d'avoué.

661. Le même acte contiendra la demande à fin de privilége; néanmoins le propriétaire pourra appeler la partie saisie et l'avoué plus ancien en référé devant le juge commissaire, pour faire statuer préliminairement sur son privilége pour raison des loyers à lui dus.

662. Les frais de poursuite seront prélevés, par privilége, avant toute créance autre que celle pour loyers dus au propriétaire.

663. Le délai ci-dessus fixé expiré et même auparavant, si les créanciers ont produit, le commissaire dressera, ensuite de son procès-verbal, l'état de distribution sur les pièces produites; le poursuivant dénoncera, par acte d'avoué, la clôture du procès-verbal aux créanciers produisans et à la partie saisie, avec sommation d'en prendre communication, et de contredire sur le procès-verbal du commissaire dans la quinzaine.

664. Faute par les créanciers et la partie saisie de prendre communication ès mains du juge-commissaire dans ledit délai, ils demeureront forclos, sans nouvelle sommation ni jugement il ne sera fait aucun dire, s'il n'y a lieu à contester.

665. S'il n'y a point de contestation, le juge-commissaire clorra son procès-verbal, arrêtera la distribution des deniers, et ordonnera que le greffier délivrera mandement aux créanciers, en affirmant par eux la sincérité de leurs créances.

Code de Procédure, Ire partie, Livre V.   4

666. S'il s'élève des difficultés, le juge-commissaire renverra à l'audience ; elle sera poursuivie par la partie la plus diligente, sur un simple acte d'avoué à avoué sans autre procédure.

667. Le créancier contestant, celui contesté, la partie saisie, et l'avoué plus ancien des opposans, seront seuls en cause ; le poursuivant ne pourra être appelé en cette qualité.

668. Le jugement sera rendu sur le rapport du juge-commissaire et les conclusions du ministère public.

669. L'appel de ce jugement sera interjeté dans les dix jours de la signification à avoué ; l'acte d'appel sera signifié au domicile de l'avoué ; il contiendra citation et énonciation des griefs ; il y sera statué comme en matière sommaire.

Ne pourront être intimées sur ledit appel que les parties indiqués par l'article 667.

670. Après l'expiration du délai fixé pour l'appel, et, en cas d'appel après la signification de l'arrêt au domicile de l'avoué, le juge-commissaire clorra son procès-verbal, ainsi qu'il est prescrit par l'article 665.

671. Huitaine après la clôture du procès-verbal, le greffier délivrera les mandemens aux créanciers, en affirmant par eux la sincérité de leurs créances par-devant lui.

672. Les intérêts des sommes admises en distribution cesseront du jour de la clôture du procès-verbal de distribution, s'il ne s'élève pas de contestation ; en cas de contestation, du jour de la signification du jugement qui aura statué ; en cas d'appel, quinzaine après la signification du jugement sur appel.

TITRE XII.

De la Saisie immobilière.

673. La saisie immobilière sera précédée d'un commandement à personne ou domicile, en tête duquel sera donnée copie entière du titre en vertu duquel elle est faite : ce commandement contiendra élection de domicile dans le lieu où siége le tribunal qui devra connaître de la saisie, si le créancier n'y demeure pas ; il énoncera que, faute de paiement, il sera procédé à la saisie

des immeubles du débiteur. L'huissier ne se fera point assister de témoins ; il fera, dans le jour, viser l'original par le maire ou l'adjoint du domicile du débiteur, et il laissera une seconde copie à celui qui donnera le *visa.*

674. La saisie immobilière ne pourra être faite que trente jours après le commandement ; si le créancier laisse écouler plus de trois mois entre le commandement et la saisie, il sera tenu de le réitérer dans les formes et avec le délai ci-dessus.

675. Le procès-verbal de saisie contiendra, outre les formalités communes à tous les exploits, l'énonciation du jugement ou du titre exécutoire, le transport de l'huissier sur les biens saisis, la désignation de l'extérieur des objets saisis, si c'est une maison, et énoncera l'arrondissement, la commune et la rue où elle est située, les tenans et aboutissans : si ce sont des biens ruraux, la désignation des bâtimens, s'il y en a, la nature et la contenance, au moins approximative, de chaque pièce, deux au moins de leurs tenans et aboutissans, le nom du fermier ou colon, s'il y en a, l'arrondissement et la commune où elles sont situées : quelle que soit la nature du bien, le procès-verbal contiendra en outre l'extrait de la matrice de rôle de contribution foncière pour tous les articles saisis, l'indication du tribunal où la saisie sera portée, et constitution d'avoué chez lequel le domicile du saisissant sera élu de droit.

676. Copie entière du procès-verbal de saisie sera, avant l'enregistrement, laissée aux greffiers des juges de paix, et aux maires ou adjoints des communes de la situation de l'immeuble saisi, si c'est une maison ; si ce sont des biens ruraux, à ceux de la situation des bâtimens, s'il y en a, et, s'il n'y en a pas, à ceux de la situation de la partie des biens à laquelle la matrice du rôle de la contribution foncière attribue le plus de revenus : les maires ou adjoints et greffiers viseront l'original du procès-verbal, lequel fera mention des copies qui auront été laissées.

677. La saisie immobilière sera transcrite dans un registre à ce destiné au bureau des hypothèques de la situation des biens, pour la partie des objets saisis qui se trouvent dans l'arrondissement.

678. Si le conservateur ne peut procéder à la transcription de la saisie à l'instant où elle lui est présentée, il fera mention sur l'ori-

ginal, qui lui sera laissé, des heure, jour, mois et an auxquels il lui aura été remis ; et en cas de concurrence, le premier présenté sera transcrit.

679. S'il y a eu précédente saisie, le conservateur constatera son refus en marge de la seconde ; il énoncera la date de la précédente saisie, les noms, demeures et professions du saisissant et du saisi, l'indication du tribunal où la saisie est portée, le nom de l'avoué du saisissant, et la date de la transcription.

680. La saisie immobilière sera en outre transcrite au greffe du tribunal où doit se faire la vente, et ce, dans la quinzaine du jour de la transcription au bureau des hypothèques, outre un jour pour trois myriamètres de distance entre le lieu de la situation des biens et le tribunal.

681. La saisie immobilière, enregistrée comme il est dit aux art. 677 et 680, sera dénoncée au saisi dans la quinzaine du jour du dernier enregistrement, outre un jour pour trois myriamètres de distance entre le domicile du saisi et la situation des biens. Elle contiendra la date de la première publication. L'original de cette dénonciation sera visé dans les vingt-quatre heures par le maire du domicile du saisi, et enregistré dans la huitaine, outre un jour pour trois myriamètres, au bureau de la conservation des hypothèques de la situation des biens ; et mention en sera faite en marge de l'enregistrement de la saisie réelle.

682. Le greffier du tribunal sera tenu dans les trois jours de l'enregistrement mentionné en l'article 680, d'insérer dans un tableau placé à cet effet dans l'auditoire, un extrait contenant,

1.° La date de la saisie et des enregistremens ;

2.° Les noms, professions et demeures du saisi et du saisissant, et de l'avoué de ce dernier ;

3.° Les noms de l'arrondissement, de la commune, de la rue, des maisons saisies ;

4.° L'indication sommaire des biens ruraux, en autant d'articles qu'il y a de communes, lesquelles seront indiquées, ainsi que les arrondissemens : chaque article contiendra seulement la nature et la quantité des objets, et les noms des fermiers ou colons s'il y en a : si néanmoins les biens situés dans la même commune sont exploités par plusieurs personnes, ils seront divisés en autant d'articles qu'il y aura d'exploitans ;

5.º L'indication du jour de la première publication ;

6.º Les noms des maires et greffiers des juges de paix auxquels copies de la saisie auront été laissées.

683. L'extrait prescrit par l'article précédent sera inséré, sur la poursuite du saisissant, dans un des journaux imprimé dans le lieu où siége le tribunal devant lequel la saisie se poursuit ; et s'il n'y en a pas, dans l'un de ceux imprimés dans le département, s'il y en a : il sera justifié de cette insertion par la feuille contenant ledit extrait, avec la signature de l'imprimeur, légalisée par le maire.

684. Extrait pareil à celui prescrit par l'article précédent, imprimé en forme de placard, sera affiché,

1.º A la porte du domicile du saisi ;

2.º A la principale porte des édifices saisis ;

3.º A la principale place de la commune où le saisi est domicilié, de celle de la situation des biens, et de celle du tribunal où la vente se poursuit ;

4.º Au principal marché desdites communes, et, lorsqu'il n'y en a pas, aux deux marchés les plus voisins ;

5.º A la porte de l'auditoire du juge de paix de la situation des bâtimens ; et, s'il n'y a pas de bâtimens, à la porte de l'auditoire de la justice de paix où se trouve la majeure partie des biens saisis ;

6.º Aux portes extérieures des tribunaux du domicile du saisi, de la situation des biens et de la vente.

685. L'apposition des placards sera constatée par un acte auquel sera annexé un exemplaire du placard : par cet acte l'huissier attestera que l'apposition a été faite aux lieux désignés par la loi, sans les détailler.

686. Les originaux du placard, et le procès-verbal d'apposition, ne pourront être grossoyés sous aucun prétexte.

687. L'original dudit procès-verbal sera visé par le maire de chacune des communes dans lesquelles l'apposition aura été faite, et il sera notifié à la partie saisie avec copie du placard.

688. Si les immeubles saisis ne sont pas loués ou affermés, le saisi en restera en possession jusqu'à la vente, comme séquestre judiciaire, à moins qu'il ne soit autrement ordonné par le juge, sur la réclamation d'un ou plusieurs créanciers ; les créanciers pourront néanmoins faire faire la coupe et la vente, en tout ou en partie, des fruits pendans par les racines.

689. Les fruits échus depuis la dénonciation au saisi, seront immobilisés, pour être distribués avec le prix de l'immeuble par ordre d'hypothèque.

690. Le saisi ne pourra faire aucune coupe de bois ni dégradation, à peine de dommages et intérêts, auxquels il sera condamné par corps ; il pourra même être poursuivi par la voie criminelle, suivant la gravité des circonstances.

691. Si les immeubles sont loués par bail dont la date ne soit pas certaine avant le commandement, la nullité pourra en être prononcée, si les créanciers ou l'adjudicataire le demandent.

Si le bail a une date certaine, les créanciers pourront saisir et arrêter les loyers ou fermages, et dans ce cas il en sera des loyers ou fermages échus depuis la dénonciation faite au saisi, comme des fruits mentionnés en l'article 689.

692. La partie saisie ne peut, à compter du jour de la dénonciation à elle faite de la saisie, aliéner les immeubles, à peine de nullité, et sans qu'il soit besoin de la faire prononcer.

693. Néanmoins l'aliénation ainsi faite aura son exécution, si avant l'adjudication l'acquéreur consigne somme suffisante pour acquitter en principal, intérêts et frais, les créances inscrites, et signifie l'acte de consignation aux créanciers inscrits.

Si les deniers ainsi déposés ont été empruntés, les prêteurs n'auront d'hypothèque que postérieurement aux créanciers inscrits lors de l'aliénation.

694. Faute d'avoir fait la consignation avant l'adjudication, il ne pourra y être sursis sous aucun prétexte.

695. Un exemplaire du placard imprimé prescrit par l'art. 684 sera notifié aux créanciers inscrits, aux domiciles élus par leurs inscriptions, huit jours au moins avant la première publication de l'enchère, outre un jour pour trois myriamètres de distance

entre la commune du bureau de la conservation et celle où se fait la vente.

696. La notification prescrite par l'article précédent sera enregistrée en marge de la saisie, au bureau de la conservation : du jour de cet enregistrement, la saisie ne pourra plus être rayée que du consentement des créanciers, ou en vertu de jugemens rendus contre eux.

697. Quinzaine au moins avant la première publication, le poursuivant déposera au greffe le cahier des charges contenant, 1.º l'énonciation du titre en vertu duquel la saisie a été faite, du commandement, de l'exploit de saisie, et des actes et jugemens qui auront pu être faits ou rendus ; 2.º la désignation des objets saisis, telle qu'elle a été insérée dans le procès-verbal ; 3.º les conditions de la vente ; 4.º et une mise à prix par le poursuivant.

698. Le poursuivant demeurera adjudicataire pour la mise à prix, s'il ne se présente pas de surenchérisseur.

699. Les dires, publications et adjudications seront mis sur le cahier des charges, à la suite de la mise à prix.

700. Le cahier des charges sera publié, pour la première fois, un mois au moins après la notification du procès-verbal d'affiches à la partie saisie.

701. Il ne pourra y avoir moins d'un mois ni plus de six semaines de délai entre ladite notification et la première publication.

702. Le cahier des charges sera publié à l'audience successivement de quinzaine en quinzaine, trois fois au moins avant l'adjudication préparatoire.

703. Huit jours au moins avant cette adjudication, outre un jour pour trois myriamètres de distance entre le lieu de la situation de la majeure partie des biens saisis et celui où siège le tribunal, il sera inséré dans un journal, ainsi qu'il est dit en l'article 683, de nouvelles annonces ; les mêmes placards seront apposés aux endroits désignés en l'article 684 ; ils contiendront en outre, la mise à prix et l'indication du jour où se fera l'adjudication préparatoire.

Cette addition sera manuscrite ; et si elle donnait lieu à une réimpression de placard, les frais n'entreront pas en taxe.

704. Dans les quinze jours de cette adjudication, nouvelles annonces seront insérées dans les journaux, et nouveaux placards affichés dans la forme ci-dessus, contenant, en outre, la mention de l'adjudication préparatoire, du prix moyennant lequel elle a été faite, et indication du jour de l'adjudication définitive.

705. L'insertion aux journaux, des seconde et troisième annonces, et les seconde et troisième appositions de placards seront justifiées dans la même forme que les premières.

706. Il sera procédé à l'adjudication définitive, au jour indiqué lors de l'adjudication préparatoire; le délai entre les deux adjudications ne pourra être moindre de six semaines.

707. Les enchères seront faites par le ministère d'avoués et à l'audience : aussitôt que les enchères seront ouvertes, il sera allumé successivement des bougies préparées de manière que chacune ait une durée d'environ une minute.

L'enchérisseur cesse d'être obligé si son enchère est couverte par une autre, lors même que cette dernière serait déclarée nulle.

708. Aucune adjudication ne pourra être faite qu'après l'extinction de trois bougies allumées successivement.

S'il y a eu enchérisseur lors de l'adjudication préparatoire, l'adjudication ne deviendra définitive qu'après l'extinction des trois feux sans nouvelle enchère.

Si, pendant la durée d'une des trois premières bougies, il survient des enchères, l'adjudication ne pourra être faite qu'après l'extinction de deux feux sans enchère survenue pendant leur durée.

709. L'avoué dernier enchérisseur sera tenu, dans les trois jours de l'adjudication, de déclarer l'adjudicataire, et de fournir son acceptation; sinon, de représenter son pouvoir, lequel demeurera annexé à la minute de sa déclaration : faute de ce faire, il sera réputé adjudicataire en son nom.

710. Toute personne pourra, dans la huitaine du jour où l'adjudication aura été prononcée, faire au greffe du tribunal, par elle-même ou par un fondé de procuration spéciale, une

surenchère,

surenchère, pourvu qu'elle soit du quart au moins du prix principal de la vente.

711. La surenchère permise par l'article précédent, ne sera reçue qu'à la charge, par le surenchérisseur, d'en faire, à peine de nullité, la dénonciation, dans les vingt-quatre heures, aux avoués de l'adjudicataire, du poursuivant et de la partie saisie, si elle a avoué constitué, sans néanmoins qu'il soit nécessaire de faire cette dénonciation à la personne ou au domicile de la partie saisie qui n'aurait pas d'avoué.

La dénonciation sera faite par un simple acte contenant avenir à la prochaine audience, sans autre procédure.

712. Au jour indiqué, ne pourront être admis à concourir que l'adjudicataire et celui qui aura enchéri du quart, lequel, en cas de folle enchère, sera tenu par corps de la différence de son prix d'avec celui de la vente.

713. Les avoués ne pourront se rendre adjudicataires pour le saisi, les personnes notoirement insolvables, les juges, juges suppléans, procureurs généraux et impériaux, les substituts et les greffiers du tribunal où se poursuit et se fait la vente, à peine de nullité de l'adjudication, et de tous dommages et intérêts.

714. Le jugement d'adjudication ne sera autre que la copie du cahier des charges, rédigé ainsi qu'il est dit dans l'article 697; il sera revêtu de l'intitulé des jugemens et du mandement qui les termine, avec injonction à la partie saisie de délaisser la possession aussitôt la signification du jugement, sous peine d'y être contrainte, même par corps.

715. Le jugement d'adjudication ne sera délivré à l'adjudicataire, qu'en rapportant par lui au greffier quittance des frais ordinaires de poursuite, et la preuve qu'il a satisfait aux conditions de l'enchère, qui doivent être exécutées avant ladite délivrance; lesquelles quittances demeureront annexées à la minute du jugement, et seront copiées ensuite de l'adjudication : faute par l'adjudicataire de faire lesdites justifications dans les vingt jours de l'adjudication, il sera contraint par la voie de folle enchère, ainsi qu'il sera dit ci-après, sans préjudice des autres voies de droit.

Code de Procédure, Ire partie, Livre V.

5

716. Les frais extraordinaires de poursuite seront payés par privilége sur le prix, lorsqu'il en aura été ainsi ordonné par jugement.

717. Les formalités prescrites par les art. 673, 674, 675, 676, 677, 680, 681, 682, 683, 684, 685, 687, 695, 696, 697, 699, 700, 701, 702, §. 1.er de 703, 704, 705, 706, 707, 708, seront observées à peine de nullité.

TITRE XIII.

Des Incidens sur la poursuite de Saisie immobilière.

718. Toute contestation incidente à une poursuite de saisie immobilière, sera jugée sommairement dans les cours et dans les tribunaux; les demandes ne seront pas précédées de citation au bureau de conciliation.

719. Si deux saisissans ont fait enregistrer deux saisies de biens différens, poursuivies dans le même tribunal, elles seront réunies sur la requête de la partie la plus diligente, et seront continuées par le premier saisissant: la jonction sera ordonnée, encore que l'une des saisies soit plus ample que l'autre; mais elle ne pourra, en aucun cas, être demandée après la mise de l'enchère au greffe; en cas de concurrence, la poursuite appartiendra à l'avoué porteur du titre plus ancien; et, si les titres sont de même date, à l'avoué le plus ancien.

720. Si une seconde saisie présentée à l'enregistrement est plus ample que la première, elle sera enregistrée pour les objets non compris en la première saisie, et le second saisissant sera tenu de dénoncer sa saisie au premier saisissant, qui poursuivra sur les deux, si elles sont au même état; sinon surseoira à la première, et suivra sur la deuxième jusqu'à ce qu'elle soit au même degré; et alors elles seront réunies en une seule poursuite, qui sera portée devant le tribunal de la première saisie.

721. Faute par le premier saisissant d'avoir poursuivi sur la seconde saisie à lui dénoncée, conformément à l'article ci-dessus, le second saisissant pourra par un simple acte demander la subrogation.

722. Elle pourra être également demandée en cas de collusion, fraude ou négligence de la part du poursuivant.

Il y a négligence, lorsque le poursuivant n'a pas rempli une formalité, ou n'a pas fait un acte de procédure dans les délais prescrits; sauf, dans le cas de collusion ou fraude, les dommages-intérêts envers qui il appartiendra.

723. L'appel d'un jugement qui aura statué sur cette contestation incidente, ne sera recevable que dans la quinzaine du jour de la signification à avoué.

724. Le poursuivant contre qui la subrogation aura été prononcée, sera tenu de remettre les piéces de la poursuite au subrogé, sur son récépissé; et il ne sera payé de ses frais qu'après l'adjudication, soit sur le prix, soit par l'adjudicataire.

Si le poursuivant a contesté la subrogation, les frais de la contestation seront à sa charge, et ne pourront, en aucun cas, être employés en frais de poursuite et payés sur le prix.

725. Lorsqu'une saisie immobiliére aura été rayée, le plus diligent des saisissans postérieurs pourra poursuivre sur sa saisie, encore qu'il ne se soit pas présenté le premier à l'enregistrement.

726. Si le débiteur interjette appel du jugement en vertu duquel on procède à la saisie, il sera tenu d'intimer sur cet appel, et de dénoncer et faire viser l'intimation au greffier du tribunal devant lequel se poursuit la vente; et ce, trois jours, au moins, avant la mise du cahier des charges au greffe : sinon l'appel ne sera pas reçu, et il sera passé outre à l'adjudication.

727. La demande en distraction de tout ou de partie de l'objet saisi, sera formée par requête d'avoué, tant contre le saisissant que contre la partie saisie, le créancier premier inscrit et l'avoué adjudicataire provisoire. Cette action sera formée par exploit contre celle des parties qui n'aura pas avoué en cause, et dans ce cas contre le créancier au domicile élu par l'inscription.

728. La demande en distraction contiendra l'énonciation des titres justificatifs, qui seront déposés au greffe, et la copie de l'acte de ce dépôt.

729. Si la distraction demandée n'est que d'une partie des objets saisis, il sera passé outre, nonobstant cette demande, à la vente du surplus des objets saisis : pourront néanmoins les juges, sur la demande des parties intéressées, ordonner le sursis pour le tout;

l'adjudicataire provisoire peut, dans ce cas, demander la décharge de son adjudication.

730. L'appel du jugement rendu sur la demande en distraction, sera interjeté avec assignation, dans la quinzaine du jour de la signification à personne ou domicile, outre un jour par trois myriamètres, en raison de la distance du domicile réel des parties; ce délai passé, l'appel ne sera plus reçu.

731. L'adjudication définitive ne transmet à l'adjudicataire d'autres droits à la propriété que ceux qu'avait le saisi.

732. Lorsque l'une des publications de l'enchère aura été retardée par un incident, il ne pourra y être procédé qu'après une nouvelle apposition de placards, et insertion de nouvelles annonces, en la forme ci-dessus prescrite.

733. Les moyens de nullité contre la procédure qui précède l'adjudication préparatoire, ne pourront être proposés après ladite adjudication; ils seront jugés avant ladite adjudication; et si les moyens de nullité sont rejetés, l'adjudication préparatoire sera prononcée par le même jugement.

734. L'appel du jugement qui aura statué sur ces nullités, ne sera pas reçu, s'il n'a été interjeté avec intimation dans la quinzaine de la signification du jugement à avoué; l'appel sera notifié au greffier et visé par lui.

735. La partie saisie sera tenue de proposer par requête, avec avenir à jour indiqué, ses moyens de nullité, si aucuns elle a, contre les procédures postérieures à l'adjudication provisoire, vingt jours, au moins, avant celui indiqué pour l'adjudication définitive : les juges seront tenus de statuer sur les moyens de nullité, dix jours, au moins, avant ladite adjudication définitive.

736. L'appel de ce jugement ne sera pas recevable après la huitaine de la prononciation; il sera notifié au greffier et visé par lui : la partie saisie ne pourra, sur l'appel, proposer autres moyens de nullité, que ceux présentés en première instance.

737. Faute par l'adjudicataire d'exécuter les clauses d'adjudication, le bien sera vendu à sa folle enchère.

738. Le poursuivant la vente sur folle enchère se fera délivrer

par le greffier un certificat constatant que l'adjudicataire n'a point justifié de l'acquit des conditions exigibles de l'adjudication.

739. Sur ce certificat, et sans autre procédure ni jugement, il sera apposé nouveaux placards et inséré nouvelles annonces, dans la forme ci-dessus prescrite, lesquels porteront que l'enchère sera publiée de nouveau au jour indiqué ; cette publication ne pourra avoir lieu que quinzaine au moins après l'apposition des placards.

740. Le placard sera signifié à l'avoué de l'adjudicataire, et à la partie saisie, au domicile de son avoué, et, si elle n'en a pas, à son domicile, au moins huit jours avant la publication.

741. L'adjudication préparatoire pourra être faite à la seconde publication, qui aura lieu quinzaine après la première.

742. A la quinzaine suivante, ou au jour plus éloigné qui aura été fixé par le tribunal, il sera procédé à une troisième publication, lors de laquelle les objets saisis pourront être vendus définitivement : chacune desdites publications sera précédée de placards et annonces, ainsi qu'il est dit ci-dessus ; et seront observées, lors de l'adjudication, les formalités prescrites par les articles 707, 708 et 709.

743. Si néanmoins l'adjudicataire justifiait de l'acquit des conditions de l'adjudication, et consignait la somme réglée par le tribunal pour le paiement des frais de folle enchère, il ne serait pas procédé à l'adjudication définitive, et l'adjudicataire éventuel serait déchargé.

744. Le fol enchérisseur est tenu par corps de la différence de son prix d'avec celui de la revente sur folle enchère, sans pouvoir réclamer l'excédant s'il y en a ; cet excédant sera payé aux créanciers, ou, si les créanciers sont désintéressés, à la partie saisie.

745. Les articles relatifs aux nullités et aux délais et formalités de l'appel, sont communs à la poursuite de la folle enchère.

746. Les immeubles appartenant à des majeurs maîtres de disposer de leurs droits, ne pourront, à peine de nullité, être mis aux enchères en justice, lorsqu'il ne s'agira que de ventes volontaires.

747. Néanmoins lorsqu'un immeuble aura été saisi réellement, il sera libre aux intéressés, s'ils sont tous majeurs et maîtres de leurs droits, de demander que l'adjudication soit faite aux enchères, devant notaires ou en justice, sans autres formalités que celles prescrites aux articles 957, 958, 959, 960, 961, 962, 964, sur *la vente des biens immeubles.*

748. Dans les cas de l'article précédent, si un mineur ou interdit est créancier, le tuteur pourra, sur un avis de parens, se joindre aux autres parties intéressées pour la même demande.

Si le mineur ou interdit est débiteur, les autres parties intéressées ne pourront faire demande qu'en se soumettant à observer toutes les formalités pour la vente des biens des mineurs.

TITRE XIV.

De l'Ordre.

749. Dans le mois de la signification du jugement d'adjudication s'il n'est pas attaqué; en cas d'appel, dans le mois de la signification du jugement confirmatif, les créanciers et la partie saisie seront tenus de se régler entre eux sur la distribution du prix.

750. Le mois expiré, faute par les créanciers, et la partie saisie de s'être réglés entre eux, le saisissant, dans la huitaine, et à son défaut, après ce délai, le créancier le plus diligent ou l'adjudicataire, requerra la nomination d'un juge-commissaire, devant lequel il sera procédé à l'ordre.

751. Il sera tenu au greffe, à cet effet, un registre des adjudications, sur lequel le requérant l'ordre fera son réquisitoire, à la suite duquel le président du tribunal nommera un juge-commissaire.

752. Le poursuivant prendra l'ordonnance du juge commis, qui ouvrira le procès-verbal d'ordre, auquel sera annexé un extrait, délivré par le conservateur, de toutes les inscriptions existantes.

753. En vertu de l'ordonnance du commissaire, les créanciers seront sommés de produire, par acte signifié aux domiciles élus

par leurs inscriptions, ou à celui de leurs avoués, s'il y en a de constitués.

754. Dans le mois de cette sommation, chaque créancier sera tenu de produire ses titres avec acte de produit, signé de son avoué, et contenant demande en collocation. Le commissaire fera mention de la remise sur son procès-verbal.

755. Le mois expiré, et même auparavant, si les créanciers ont produit, le commisssaire dressera, ensuite de son procès-verbal, un état de collocation sur les pièces produites. Le poursuivant dénoncera, par acte d'avoué à avoué, aux créanciers produisans et à la partie saisie, la confection de l'état de collocation, avec sommation d'en prendre communication, et de contredire, s'il y échet, sur le procès-verbal du commissaire, dans le délai d'un mois.

756. Faute par les créanciers produisans de prendre communication des productions ès mains du commissaire dans ledit délai, ils demeureront forclos, sans nouvelle sommation ni jugement; il ne sera fait aucun dire, s'il n'y a contestation.

757. Les créanciers qui n'auront produit qu'après le délai fixé, supporteront sans répétition, et sans pouvoir les employer dans aucun cas, les frais auxquels leur production tardive, et la déclaration d'icelle aux créanciers à l'effet d'en prendre connaissance auront donné lieu. Ils seront garans des intérêts qui auront couru, à compter du jour où ils auraient cessé si la production eût été faite dans le délai fixé.

758. En cas de contestation, le commissaire renverra les contestans à l'audience, et néanmoins arrêtera l'ordre pour les créances antérieures à celles contestées, et ordonnera la délivrance des bordéreaux de collocation de ces créanciers, qui ne seront tenus à aucun rapport à l'égard de ceux qui produiraient postérieurement.

759. S'il ne s'élève aucune contestation, le juge-commissaire fera la clôture de l'ordre; il liquidera les frais de radiation et de poursuite d'ordre, qui seront colloqués par préférence à toutes autres créances; il prononcera la déchéance des créanciers non produisans; ordonnera la délivrance des bordereaux de collocation aux créanciers utilement colloqués; et la radiation des inscriptions de ceux non utilement colloqués. Il sera fait distraction

en faveur de l'adjudicataire, sur le montant de chaque bordereau, des frais de radiation de l'inscription.

760. Les créanciers postérieurs en ordre d'hypothèque aux collocations contestées seront tenus, dans la huitaine du mois accordé pour contredire, de s'accorder entre eux sur le choix d'un avoué; sinon, ils seront représentés par l'avoué du dernier créancier colloqué. Le créancier qui contestera individuellement, supportera les frais auxquels sa contestation particulière aura donné lieu, sans pouvoir les répéter ni employer en aucun cas. L'avoué poursuivant ne pourra en cette qualité être appelé dans la contestation.

761. L'audience sera poursuivie par la partie la plus diligente, sur un simple acte d'avoué à avoué, sans autre procédure.

762. Le jugement sera rendu sur le rapport du juge-commissaire et les conclusions du ministère public; il contiendra liquidation des frais.

763. L'appel de ce jugement ne sera reçu, s'il n'est interjeté, dans les dix jours de sa signification à avoué, outre un jour par trois myriamètres de distance du domicile réel de chaque partie; il contiendra assignation et l'énonciation des griefs.

764. L'avoué du créancier dernier colloqué pourra être intimé s'il y a lieu.

765. Il ne sera signifié sur l'appel que des conclusions motivées de la part des intimés, et l'audience sera poursuivie ainsi qu'il est dit en l'article 761.

766. L'arrêt contiendra liquidation des frais; les parties qui succomberont sur l'appel seront condamnées aux dépens, sans pouvoir les répéter.

767. Quinzaine après le jugement des contestations, et, en cas d'appel, quinzaine après la signification de l'arrêt qui y aura statué, le commissaire arrêtera définitivement l'ordre des créances contestées et de celles postérieures, et ce, conformément à ce qui est prescrit par l'article 759 : les intérêts et arrérages des créanciers utilement colloqués cesseront.

768. Les frais de l'avoué qui aura représenté les créanciers
contestans,

contestans, seront colloqués par préférence à toutes autres créances sur ce qui restera de deniers à distribuer, déduction faite de ceux qui auront été employés à acquitter les créances antérieures à celles contestées.

769. L'arrêt qui autorisera l'emploi des frais, prononcera la subrogation au profit du créancier sur lequel les fonds manqueront, ou de la partie saisie. L'exécutoire énoncera cette disposition et indiquera la partie qui devra en profiter.

770. La partie saisie et le créancier sur lequel les fonds manqueront, auront leur recours contre ceux qui auront succombé dans la contestation, pour les intérêts et arrérages qui auront couru pendant le cours desdites contestations.

771. Dans les dix jours après l'ordonnance du juge-commissaire, le greffier délivrera à chaque créancier utilement colloqué, le bordereau de collocation qui sera exécutoire contre l'acquéreur.

772. Le créancier colloqué, en donnant quittance du montant de sa collocation, consentira la radiation de son inscription.

773. Au fur et à mesure du paiement des collocations, le conservateur des hypothèques, sur la représentation du bordereau et de la quittance du créancier, déchargera d'office l'inscription, jusqu'à concurrence de la somme acquittée.

774. L'inscription d'office sera rayée définitivement, en justifiant, par l'adjudicataire, du paiement de la totalité de son prix, soit aux créanciers utilement colloqués, soit à la partie saisie, et de l'ordonnance du juge-commissaire qui prononce la radiation des inscriptions des créanciers non colloqués.

775. En cas d'aliénation autre que celle par expropriation, l'ordre ne pourra être provoqué s'il n'y a plus de trois créanciers inscrits, et il le sera par le créancier le plus diligent ou l'acquéreur après l'expiration des trente jours qui suivront les délais prescrits par les articles 2185 et 2194 du Code civil.

776. L'ordre sera introduit et réglé dans les formes prescrites par le présent titre.

777. L'acquéreur sera employé par préférence pour le coût de l'extrait des inscriptions et dénonciations aux créanciers inscrits.

778. Tout créancier pourra prendre inscription pour conserver les droits de son débiteur ; mais le montant de la collocation du débiteur sera distribué, comme chose mobilière, entre tous les créanciers inscrits ou opposans avant le jugement d'ordre.

779. En cas de retard ou de négligence dans la poursuite d'ordre, la subrogation pourra être demandée. La demande en sera formée par requête insérée au procès-verbal d'ordre, communiquée au poursuivant par acte d'avoué, jugée sommairement en la chambre du conseil, sur le rapport du juge-commissaire.

TITRE XV.

De l'emprisonnement.

780. Aucune contrainte par corps ne pourra être mise à exécution qu'un jour après la signification, avec commandement, du jugement qui l'a prononcée.

Cette signification sera faite par un huissier commis par ledit jugement ou par le président du tribunal de première instance du lieu où se trouve le débiteur.

La signification contiendra aussi élection de domicile dans la commune où siège le tribunal qui a rendu ce jugement, si le créancier n'y demeure pas.

781. Le débiteur ne pourra être arrêté : 1.° avant le lever et après le coucher du soleil ;

2.° Les jours de fêtes légales ;

3.° Dans les édifices consacrés au culte, et pendant les exercices religieux seulement ;

4.° Dans le lieu et pendant la tenue des séances des autorités constituées ;

5.° Dans une maison quelconque, même dans son domicile, à moins qu'il n'eût été ainsi ordonné par le juge de paix du lieu, lequel juge de paix devra dans ce cas se transporter dans la maison avec l'officier ministériel.

782. Le débiteur ne pourra non plus être arrêté, lorsqu'appelé

comme témoin devant un directeur du jury ou devant un tribunal de première instance, ou une cour de justice criminelle ou d'appel, il sera porteur d'un sauf-conduit.

Le sauf-conduit pourra être accordé par le directeur du jury, par le président du tribunal ou de la cour où les témoins devront être entendus. Les conclusions du ministère public seront né-cessaires.

Le sauf-conduit réglera la durée de son effet, à peine de nullité.

En vertu du sauf-conduit, le débiteur ne pourra être arrêté ni le jour fixé pour sa comparution, ni pendant le temps nécessaire pour aller et pour revenir.

783. Le procés-verbal d'emprisonnement contiendra, outre les formalités ordinaires des exploits, 1.° itératif commandement; 2.° élection de domicile dans la commune où le débiteur sera détenu, si le créancier n'y demeure pas : l'huissier sera assisté de deux recors.

784. S'il s'est écoulé une année entière depuis le commande-ment, il sera fait un nouveau commandement par un huissier com-mis à cet effet.

785. En cas de rebellion, l'huissier pourra établir garnison aux portes pour empêcher l'évasion, et requérir la force armée, et le débiteur sera poursuivi conformément aux dispositions du Code criminel.

786. Si le débiteur requiert qu'il en soit référé, il sera conduit sur-le-champ devant le président du tribunal de première instance du lieu où l'arrestation aura été faite, lequel statuera en état de référé : si l'arrestation est faite hors des heures de l'audience, le débiteur sera conduit chez le président.

787. L'ordonnance sur référé sera consignée sur le procés-verbal de l'huissier et sera exécutée sur-le-champ.

788. Si le débiteur ne requiert pas qu'il en soit référé, ou si, en cas de référé, le président ordonne qu'il soit passé outre, le débiteur sera conduit dans la prison du lieu; et s'il n'y en a pas, dans celle du lieu le plus voisin : l'huissier et tous autres qui conduiraient, recevraient ou retiendraient le débiteur dans un

lieu de détention non légalement désigné comme tel , seront poursuivis comme coupables du crime de détention arbitraire.

789. L'écrou du débiteur énoncera, 1.º le jugement; 2.º les noms et domicile du créancier ; 3.º l'élection de domicile s'il ne demeure pas dans la commune ; 4.º les noms, demeure et profession du débiteur; 5.º la consignation d'un mois d'alimens au moins ; 6.º enfin , mention de la copie qui sera laissée au débiteur , parlant à sa personne , tant du procès-verbal d'emprisonnement que de l'écrou. Il sera signé de l'huissier.

790. Le gardien ou geolier transcrira sur son registre le jugement qui autorise l'arrestation : faute par l'huissier de représenter ce jugement, le geolier refusera de recevoir le débiteur et de l'écrouer.

791. Le créancier sera tenu de consigner les alimens d'avance. Les alimens ne pourront être retirés , lorsqu'il y aura recommandation , si ce n'est du consentement du recommandant.

792. Le débiteur pourra être recommandé par ceux qui auraient le droit d'exercer contre lui la contrainte par corps. Celui qui est arrêté comme prévenu d'un délit, peut aussi être recommandé , et il sera retenu par l'effet de la recommandation, encore que son élargissement ait été prononcé et qu'il ait été acquitté du délit.

793. Seront observées, pour les recommandations, les formalités ci-dessus prescrites pour l'emprisonnement; néanmoins l'huissier ne sera pas assisté de recors, et le recommandant sera dispensé de consigner les alimens , s'ils ont été consignés.

Le créancier qui a fait emprisonner pourra se pourvoir contre le recommandataire devant le tribunal du lieu où le débiteur est détenu , à l'effet de le faire contribuer au paiement des alimens , par portion égale.

794. A défaut d'observation des formalités ci-dessus prescrites, le débiteur pourra demander la nullité de l'emprisonnement, et la demande sera portée au tribunal du lieu où il est détenu ; si la demande en nullité est fondée sur des moyens du fond , elle sera portée devant le tribunal de l'exécution du jugement.

795. Dans tous les cas, la demande pourra être formée à

bref délai, en vertu de permission de juge, et l'assignation donnée par huissier commis au domicile élu par l'écrou : la cause sera jugée sommairement, sur les conclusions du ministère public.

796. La nullité de l'emprisonnement, pour quelque cause qu'elle soit prononcée, n'emporte point la nullité des recommandations.

797. Le débiteur dont l'emprisonnement est déclaré nul, ne peut être arrêté pour la même dette, qu'un jour au moins après sa sortie.

798. Le débiteur sera mis en liberté, en consignant entre les mains du geolier de la prison les causes de son emprisonnement et les frais de la capture.

799. Si l'emprisonnement est déclaré nul, le créancier pourra être condamné en des dommages-intérêts envers le débiteur.

800. Le débiteur légalement incarcéré obtiendra son élargissement,

1.° Par le consentement du créancier qui l'a fait incarcérer, et des recommandans, s'il y en a ;

2.° Par le paiement ou la consignation des sommes dues, tant au créancier qui a fait emprisonner, qu'au recommandant, des intérêts échus, des frais liquidés, de ceux d'emprisonnement, et de la restitution des alimens consignés ;

3.° Par le bénéfice de cession ;

4.° A défaut par les créanciers d'avoir consigné d'avance les alimens ;

5.° Et enfin, si le débiteur a commencé sa soixante-dixième année, et si, dans ce dernier cas, il n'est pas stellionataire.

801. Le consentement à la sortie du débiteur pourra être donné, soit devant notaire, soit sur le registre d'écrou.

802. La consignation de la dette sera faite entre les mains du geolier, sans qu'il soit besoin de la faire ordonner ; si le geolier refuse, il sera assigné à bref délai devant le tribunal du lieu, en vertu de permission. L'assignation sera donnée par huissier commis.

8o3. L'élargissement, faute de consignation d'alimens, sera ordonné sur le certificat de non-consignation, délivré par le geôlier, et annexé à la requête présentée au président du tribunal, sans sommation préalable.

Si cependant le créancier en retard de consigner les alimens fait la consignation avant que le débiteur ait formé sa demande en élargissement, cette demande ne sera plus recevable.

8o4. Lorsque l'élargissement aura été ordonné faute de consignation d'alimens, le créancier ne pourra de nouveau faire emprisonner le débiteur, qu'en lui remboursant les frais par lui faits pour obtenir son élargissement, ou les consignant, à son refus, és mains du greffier, et en consignant aussi d'avance six mois d'alimens : on ne sera point tenu de recommencer les formalités préalables à l'emprisonnement, s'il a lieu dans l'année du commandement.

8o5. Les demandes en élargissement seront portées au tribunal dans le ressort duquel le débiteur est détenu. Elles seront formées à bref délai, au domicile élu par l'écrou ; en vertu de permission du juge, sur requête présentée à cet effet : elles seront communiquées au ministère public ; et jugées, sans instruction à la première audience, préférablement à toutes autres causes, sans remise ni tour de rôle.

TITRE XVI.

Des Référés.

8o6. Dans tous les cas d'urgence, ou lorsqu'il s'agira de statuer provisoirement sur les difficultés relatives à l'exécution d'un titre exécutoire ou d'un jugement, il sera procédé ainsi qu'il va être réglé ci-après.

8o7. La demande sera portée à une audience tenue à cet effet par le président du tribunal de première instance, ou par le juge qui le remplace, aux jour et heure indiqués par le tribunal.

8o8. Si néanmoins le cas requiert célérité, le président ou celui qui le représentera, pourra permettre d'assigner soit à l'audience, soit à son hôtel, à heure indiquée ; même les jours de fêtes ; et dans ce cas l'assignation ne pourra être donnée qu'en vertu de l'ordonnance du juge qui commettra un huissier à cet effet.

809. Les ordonnances sur référés ne feront aucun préjudice au principal; elles seront exécutoires par provision, sans caution, si le juge n'a pas ordonné qu'il en serait fourni une.

Elles ne seront pas susceptibles d'opposition.

Dans les cas où la loi autorise l'appel, cet appel pourra être interjeté même avant le délai de huitaine, à dater du jugement, et il ne sera point recevable s'il a été interjeté après la quinzaine, à dater du jour de la signification du jugement.

L'appel sera jugé sommairement et sans procédures.

810. Les minutes des ordonnances sur référé seront déposées au greffe.

811. Dans les cas d'absolue nécessité, le juge pourra ordonner l'exécution de son ordonnance sur la minute.

Signé NAPOLÉON.

Par l'Empereur:

Le Sécretaire d'État, *signé* HUGUES B. MARET.

Pour copie conforme:

Le Secrétaire général du Conseil d'Etat,

Signé J. G. LOCRÉ.

PROJET

DE

CODE

DE PROCÉDURE CIVILE.

~~~~~~~~~

6.ᵉ LIVRAISON

Contenant le Livre III de la 2.ᵉ Partie, relative aux Procédures diverses.

LIVRE III. — *Des Arbitrages.*

Présenté dans la séance du 19 Avril 1806, par MM. Galli, Jaubert et Berlier, Conseillers d'Etat.
~~~~~~~~~

EXTRAIT DU REGISTRE

DES DÉLIBÉRATIONS

DU CONSEIL D'ETAT.

Séance du 18 Avril 1806.

NAPOLÉON, EMPEREUR DES FRANÇAIS, ROI D'ITALIE,

DÉCRÈTE ce qui suit :

Le Livre III de la deuxième partie du projet de *Code de procédure civile*, relatif aux Arbitrages, délibéré en Conseil d'État, sera présenté au Corps législatif le samedi 19 de ce mois.

SA MAJESTÉ nomme, pour le porter et pour en soutenir la discussion, MM. GALLI, JAUBERT et BERLIER, Conseillers d'État.

SA MAJESTÉ pense que la discussion sur ce projet doit s'ouvrir le 29 du même mois.

Signé NAPOLÉON.

Par l'Empereur :

Le Secrétaire d'Etat, signé HUGUES B. MARET.

Pour extrait conforme :

Le Secrétaire général du Conseil d'Etat,

Signé J. G. LOCRÉ.

N.° 54.   F. n.° 35.

EXTRAIT DU PROCÈS-VERBAL

DES SÉANCES DU CORPS LÉGISLATIF.

Du 19 Avril 1806.

Le Corps Législatif arrête que le projet de loi contenant *le Livre III de la deuxième Partie du Code de Procédure civile*, relatif aux arbitrages, présenté aujourd'hui au Corps Législatif par les Orateurs du Conseil d'Etat, ainsi qu'une expédition du Décret impérial relatif à la présentation de ce projet de Loi et de l'exposé des motifs, seront transmis aux Sections du Tribunat, par un message.

CONSEIL D'ÉTAT.

EXTRAIT DU REGISTRE DES DÉLIBERATIONS.

Séance du 29 Mars 1806.

PROJET DE CODE
DE PROCÉDURE CIVILE.

II.ᵉ PARTIE.

PROCÉDURES DIVERSES.

LIVRE III.

TITRE UNIQUE.

Des Arbitrages.

ART. 1003.

Toutes personnes peuvent compromettre sur les droits dont elles ont la libre disposition.

1004. On ne peut compromettre sur les dons et legs d'alimens, logement et vêtemens; sur les séparations d'entre mari et femme,

N.º 54.

divorces, questions d'état, ni sur aucune des contestations qui seraient sujettes à communication au ministère public.

1005. Le compromis pourra être fait par procès-verbal devant les arbitres choisis, ou par acte devant notaire, ou sous signature privée.

1006. Le compromis désignera les objets en litige et les noms des arbitres, à peine de nullité.

1007. Le compromis sera valable, encore qu'il ne fixe pas de délai ; et, en ce cas, la mission des arbitres ne durera que trois mois, du jour du compromis.

1008. Pendant le délai de l'arbitrage, les arbitres ne pourront être révoqués que du consentement unanime des parties.

1009. Les parties et les arbitres suivront, dans la procédure, les délais et les formes établis pour les tribunaux, si les parties n'en sont autrement convenues.

1010. Les parties pourront, lors et depuis le compromis, renoncer à l'appel.

Lorsque l'arbitrage sera sur appel ou sur requête civile, le jugement arbitral sera définitif et sans appel.

1011. Les actes de l'instruction, et les procès-verbaux du ministère des arbitres, seront faits par tous les arbitres, si le compromis ne les autorise à commettre l'un d'eux.

1012. Le compromis finit, 1.° par le décès, refus, déport ou empêchement d'un des arbitres, s'il n'y a clause qu'il sera passé outre, ou que le remplacement sera au choix des parties ou au choix de l'arbitre ou des arbitres restans ; 2.° par l'expiration du délai stipulé, ou de celui de trois mois, s'il n'en a pas été réglé ; 3.° par le partage, si les arbitres n'ont pas le pouvoir de prendre un tiers arbitre.

1013. Le décès, lorsque tous les héritiers sont majeurs, ne mettra pas fin au compromis ; le délai pour instruire et juger sera suspendu pendant celui pour faire inventaire et délibérer.

1014. Les arbitres ne pourront se déporter si leurs opérations sont commencées ; ils ne pourront être récusés si ce n'est pour cause survenue depuis le compromis.

1015. S'il est formé inscription de faux, même purement civile, ou s'il s'élève quelque incident criminel, les arbitres délaisseront les parties à se pourvoir, et les délais de l'arbitrage continueront à courir du jour du jugement de l'incident.

1016. Chacune des parties sera tenue de produire ses défenses et pièces, quinzaine au moins avant l'expiration du délai du compromis ; et seront tenus les arbitres de juger sur ce qui aura été produit.

Le jugement sera signé par chacun des arbitres, et dans le cas où il y aurait plus de deux arbitres, si la minorité refusait de le signer, les autres arbitres en feraient mention, et le jugement aura le même effet que s'il avait été signé par chacun des arbitres.

Un jugement arbitral ne sera, dans aucun cas, sujet à l'opposition.

1017. En cas de partage, les arbitres autorisés à nommer un tiers seront tenus de le faire par la décision qui prononce le partage : s'il ne peuvent en convenir, ils le déclareront sur le procès-verbal, et le tiers sera nommé par le président du tribunal qui doit ordonner l'exécution de la décision arbitrale.

Il sera, à cet effet, présenté requête par la partie la plus diligente.

Dans les deux cas, les arbitres divisés seront tenus de rédiger leur avis distinct et motivé, soit dans le même procès-verbal, soit dans des procès-verbaux séparés.

1018. Le tiers-arbitre sera tenu de juger dans le mois du jour de son acceptation, à moins que ce délai n'ait été prolongé par l'acte de la nomination ; il ne pourra prononcer qu'après avoir conféré avec les arbitres divisés, qui seront sommés de se réunir à cet effet.

Si tous les arbitres ne se réunissent pas, le tiers-arbitre prononcera seul, et néanmoins il sera tenu de se conformer à l'un des avis des autres arbitres.

1019. Les arbitres et tiers-arbitres décideront, d'après les règles du droit, à moins que le compromis ne leur donne pouvoir de prononcer comme amiables compositeurs.

1020. Le jugement arbitral sera rendu exécutoire par une ordonnance du président du tribunal de première instance dans le ressort duquel il a été rendu : à cet effet, la minute du jugement sera déposée dans les trois jours, par l'un des arbitres, au greffe du tribunal.

S'il avait été compromis sur l'appel d'un jugement, la décision arbitrale sera déposée au greffe du tribunal d'appel, et l'ordonnance rendue par le président de ce tribunal.

Les poursuites pour les frais du dépôt et les droits d'enregistrement ne pourront être faites que contre les parties.

1021. Les jugemens arbitraux, même ceux préparatoires, ne pourront être exécutés qu'après l'ordonnance qui sera accordée à cet effet par le président du tribunal, au bas ou en marge de la minute, sans qu'il soit besoin d'en communiquer au ministère public ; et sera ladite ordonnance expédiée ensuite de l'expédition de la décision.

La connaissance de l'exécution du jugement appartient au tribunal qui a rendu l'ordonnance.

1022. Les jugemens arbitraux ne pourront, en aucun cas, être opposés à des tiers.

1023. L'appel des jugemens arbitraux sera porté, savoir, devant les tribunaux de première instance pour les matières qui, s'il n'y eût point eu d'arbitrages, eussent été, soit en premier soit en dernier ressort, de la compétence des juges de paix ; et devant les Cours d'appel pour les matières qui eussent été, soit en premier soit en dernier ressort, de la compétence des tribunaux de première instance.

1024. Les règles sur l'exécution provisoire des jugemens des tribunaux, sont applicables aux jugemens arbitraux.

1025. Si l'appel est rejeté, l'appelant sera condamné à la même amende que s'il s'agissait d'un jugement des tribunaux ordinaires.

1026. La requête civile pourra être prise contre les jugemens arbitraux, dans les délais, formes et cas ci-devant désignés pour les jugemens des tribunaux ordinaires.

Elle sera portée devant le tribunal qui eût été compétent pour connaître de l'appel.

1027. Ne pourront cependant être proposés pour ouvertures,

1.° L'inobservation des formes ordinaires, si les parties n'en étaient autrement convenues, ainsi qu'il est dit en l'art. 1009.

2.° S'il a été prononcé sur choses non demandées, sauf à se pourvoir en nullité, suivant l'article ci-après.

1028. Il ne sera besoin de se pourvoir par appel ni requête civile dans les cas suivans :

1.° Si le jugement a été rendu sans compromis, ou hors des termes du compromis ;

2.° S'il l'a été sur compromis nul ou expiré ;

3.° S'il n'a été rendu que par quelques arbitres non autorisés à juger en l'absence des autres ;

4.° S'il l'a été par un tiers sans en avoir conféré avec les arbitres partagés ;

5.° Enfin, s'il a été prononcé sur choses non demandées.

Dans tous ces cas, les parties se pourvoiront par opposition à l'ordonnance d'exécution, devant le tribunal qui l'aura rendu, et demanderont la nullité de l'acte qualifié *jugement arbitral.*

Il ne pourra y avoir recours en cassation, dans les cas où il est autorisé, que contre les jugemens des tribunaux rendus, soit sur appel, soit sur requête civile.

Dispositions générales.

1029. Aucune des nullités, amendes et déchéances prononcées dans le présent Code n'est comminatoire.

1030. Aucun exploit ou acte de procédure ne pourra être dé-

claré nul, si la nullité n'en est pas formellement prononcée par
la loi.

Dans les cas où la loi n'aurait pas prononcé la nullité, l'officier
ministériel pourra, soit pour omission, soit pour contravention,
être condamné à une amende qui ne sera pas moindre de cinq
francs et n'excédera pas cent francs.

1031. Les procédures et les actes nuls ou frustratoires et les
actes qui auront donné lieu à une condamnation d'amende,
seront à la charge des officiers ministériels qui les auront faits,
lesquels, suivant l'exigence des cas, seront en outre passibles des
dommages et intérêts de la partie, et pourront même être suspendus de leurs fonctions.

1032. Les communes et les établissemens publics seront tenus,
pour former une demande en justice, de se conformer aux lois
administratives.

1033. Le jour de la signification ni celui de l'échéance ne sont
jamais comptés pour le délai général fixé pour les ajournemens,
les citations, sommations et autres actes faits à personne ou domicile : ce délai sera augmenté d'un jour, à raison de trois myriamètres de distance; et quand il y aura lieu a voyage ou envoi et
retour, l'augmentation sera du double.

1034. Les sommations pour être présent aux rapports d'experts,
ainsi que les assignations données en vertu de jugement de jonction, indiqueront seulement le lieu, le jour et l'heure de la première vacation ou de la première audience ; elles n'auront pas
besoin d'être réitérées, quoique la vacation ou l'audience ait été
continuée à un autre jour.

1035. Quand il s'agira de recevoir un serment, une caution,
de procéder à une enquête, à un interrogatoire sur faits et
articles, de nommer des experts, et généralement de faire une
opération quelconque en vertu d'un jugement, et que les parties
ou les lieux contentieux seront trop éloignés, les juges pourront
commettre un tribunal voisin, un juge, ou même un juge de
paix, suivant l'exigence des cas ; ils pourront même autoriser
un tribunal à nommer, soit un de ses membres, soit un juge
de paix, pour procéder aux opérations ordonnées.

1036. Les tribunaux, suivant la gravité des circonstances, pourront, dans les causes dont ils seront saisis, prononcer, même d'office, des injonctions, supprimer des écrits, les déclarer calomnieux, et ordonner l'impression et l'affiche de leurs jugemens.

1037. Aucune signification ni exécution ne pourra être faite, depuis le 1er octobre jusqu'au 31 mars, avant six heures du matin et après six heures du soir; et depuis le 1.er avril jusqu'au 30 septembre, avant quatre heures du matin et après neuf heures du soir; non plus que les jours de fêtes légales, si ce n'est en vertu de permission du juge, dans le cas où il y aurait péril en la demeure.

1038. Les avoués qui ont occupé dans les causes où il est intervenu des jugemens définitifs, seront tenus d'occuper sur l'exécution de ces jugemens, sans nouveaux pouvoirs, pourvu qu'elle ait lieu dans l'année de la prononciation des jugemens.

1039. Toutes significations faites à des personnes publiques, préposées pour les recevoir, seront visées par elles sans frais sur l'original.

En cas de refus, l'original sera visé par le procureur impérial près le tribunal de première instance de leur domicile. Les refusans pourront être condamnés sur les conclusions du ministère public, à une amende qui ne pourra être moindre de cinq francs.

1040. Tous actes et procès-verbaux du ministère du juge seront faits au lieu où siége le tribunal : le juge y sera toujours assisté du greffier, qui gardera les minutes, et délivrera les expéditions : en cas d'urgence, le juge pourra répondre en sa demeure les requêtes qui lui seront présentées, le tout sauf l'exécution des dispositions portées au titre des *référés.*

1041. Le présent Code sera exécuté à dater du 1.er janvier 1807; en conséquence tous procès qui seront intentés depuis cette époque, seront instruits conformément à ses dispositions; toutes lois, coutumes, usages et réglemens relatifs à la procédure civile seront abrogés.

1042. Avant cette époque il sera fait, tant pour la taxe des frais que pour la police et discipline des tribunaux, des réglemens d'administration publique.

Dans trois ans au plus tard les dispositions de ces réglemens qui contiendraient des mesures législatives, seront présentées en forme de loi.

Signé NAPOLÉON.

Par l'Empereur :

Le Secrétaire d'Etat, signé HUGUES B. MARET.

Pour extrait conforme :

Le Secrétaire - général du Conseil d'État,

Signé J. G. LOCRÉ.